**mark**

這個系列標記的是一些人、一些事件與活動。

**mark 137**

**挪威木匠手記：**

**透過一位在地木工的樸拙之眼，深入北歐匠人精神**

作者：歐勒・托史登森（Ole Thorstensen）

內頁繪圖：約翰・托史登森（Jon Thorstensen）／

歐勒・托史登森（Ole Thorstensen）

譯者：柯清心

責任編輯：潘乃慧

封面設計：朱疋

校對：呂佳真

出版者：大塊文化出版股份有限公司

www.locuspublishing.com

台北市10550南京東路四段25號11樓

讀者服務專線：0800-006689

TEL：(02) 87123898　FAX：(02)87123897

郵撥帳號：18955675

戶名：大塊文化出版股份有限公司

法律顧問：董安丹律師、顧慕堯律師



總經銷：大和書報圖書股份有限公司

地址：新北市新莊區五工五路2號

TEL：(02) 89902588　FAX：(02) 22901658

初版一刷：2018年4月

定價：新台幣320元

Printed in Taiwan

# 挪威木匠手記

透過一位在地木工的樸拙之眼，
深入北歐匠人精神

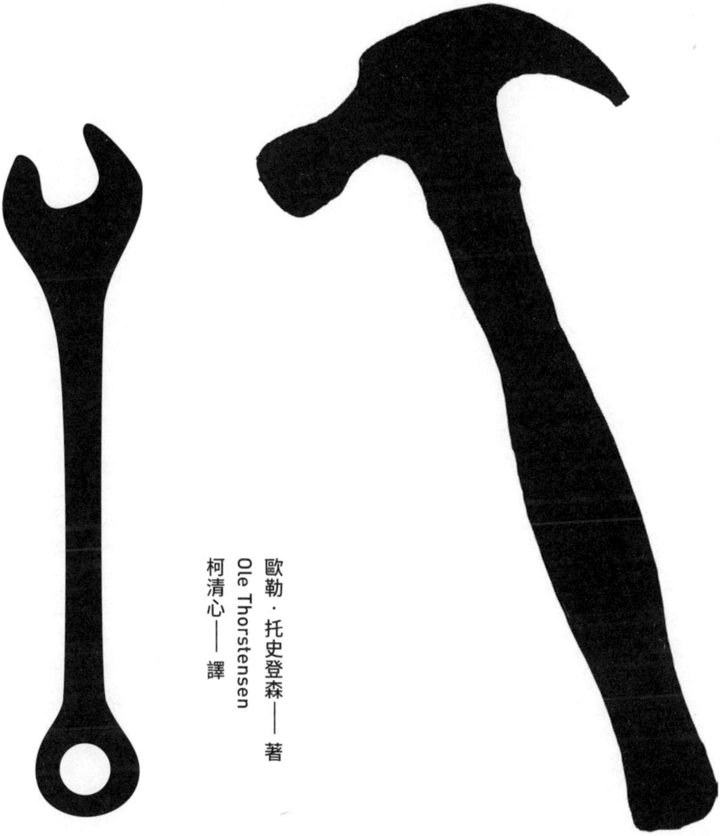

歐勒・托史登森——著
Ole Thorstensen
柯清心——譯

# En Snekkers Dagbok

要感謝的人士太多了，但我不想漏掉任何人。

圖倫．波爾蓋（Torunn Borge, 1960-2014，挪威知名女作家）離開了我們，她可以代表你們所有人。

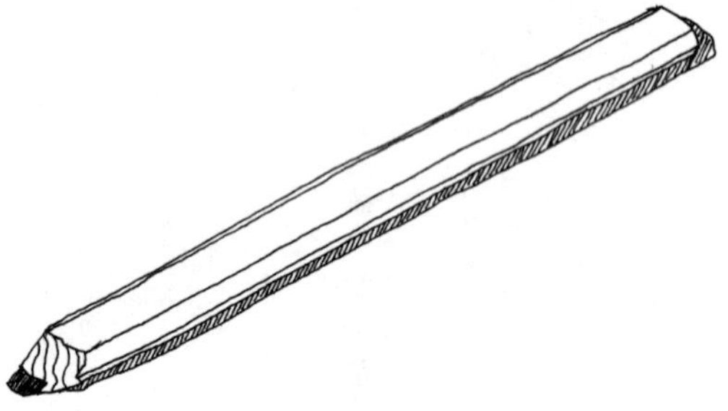

*「名詞解釋」請參照 241 頁

# 1

我從事木作，之前是領照學徒，現在是合格的工匠師傅，也就是大部分人所說的木匠。當學徒時，我學的是這個行業，出師後則學習如何經營生意。對我而言，技術，也就是木工本身，比管理的意義來得重大，因此我的學徒證對我而言更為重要。

手工技藝沒有任何神祕可言，我按訂單完工交差，完全仰賴他人的要求與指示。

我是承包商、創業者與生意人。這幾個詞恰可用來形容我的行業，我稱自己是木匠，而且經營的是個人木匠公司。

在營建業中，次要工作多由小型公司完成，大型公司對小包合約較不感興趣。他們忙著打造全新的房子、醫院、學校，有時是幼稚園和較小型的商業大樓。

小包商一間間地打造出新浴室；撤換房子的窗戶，架設車庫。他們也會蓋許多新房子，以及戶外的郵政信箱柱子。挪威近兩百五十萬住家的維修及現代化，大都由小承包商來施工。

小承包商為數眾多，到處都找得到我們，我們是一群五花八門的人，這點自不待言。我們是營建業的一環，是工匠，會以各種不同方式進行自己的工作，這一點確實是工匠的強項。我們有快、有慢、有好、有壞，有脾氣壞的，也有開朗快樂的，有些要價便宜，有的昂貴，有人誠實，但也有人並不老實。以上所有描述都與這個行業、與工藝和施工相關。

我住在奧斯陸的托允市（Tøyen），工作地點遍布城內，但主要靠城東。有時我會跑到城西，最遠也曾到奧斯陸以南的城市如席伊（Ski）和歐斯（Ås），以及以西的阿斯克（Asker）工作過。我不是奧斯陸本地人，因此是藉由工作來瞭解這個城市。當我跟別人在這個城市漫遊時，偶爾會停下來指說，那裡的門是我換的，那邊的閣樓是我改裝的，我重新裝潢了那間房子的浴室。對於一個方向感很差的人而言，這倒是個認識奧斯陸的方便法門，因為我從來不會忘記自己施過的工。

我沒有雇員，沒有辦公室或自己的工作室。我的工具放在公寓儲藏室裡，跟那些經不起霜害、無法擺在戶外的設備及材料，例如膠水之類的東西擺在一起，螺絲起子、釘子和其他各類物品則堆到閣樓裡。我的工具就是我的延伸；妥善保護工具，是我對這份職業、差事，以及對自己的尊重。

我把我那輛有點破舊的貨車，停在工作地點附近街上的停車位，每天下班，再把所有器材搬回我的公寓。任意將工具亮在外頭，不是聰明的作法。萬一有人探向車窗，會發現貨車空空如也，沒有破窗而入的必要。

我的公寓在三樓，東西得搬上搬下，因此得精於盤算每次工作所需的器具，現在我只拿需要的東西放到貨車上，以節省時間，不必耗時來來回回地跑。

我的客廳也兼作辦公室。公寓不大，因此我把檔案和文件放進櫃子裡，眼不見為淨。雖然行政工作還是得做，但像這樣把辦公室設在家裡，其實挺累人的，就像健行結束後，仍一直扛著沉重的帆布背包，從來無法真正休息，喘口氣，轉身看看剛才踏過的地貌。當我完成工作，蓋完真實的建物之後，便得打開櫃子，拿出相關文件，打開電腦，付營業稅，寫電郵，將文件存檔，填寫表格，計算投標價格。感覺上，我在這上頭耗掉的時間，比我花在材料和工具上的還長。

我經營一家獨資公司，個人的私生活與職場並無明確分野。我必須實際去接觸使用的工具與建材，也得處理勞動後的財務與成果。我跟我的鑽子、貨車、鋪設的地板、建造的房子緊密相連，還有財務報表。

有時我會覺得忙不過來，但未必是負面的感覺。那讓我強烈感到，這份工作不僅對請我裝修居家的客戶具有重大影響，對我自己亦然。我在財務及專業上，不像大部分人每天工作時都受到理所當然的保護，我暴露在各種風險裡。

我靠著製造可被替代、會被銷毀的暫時性物品來糊口，那是我職業的一環。我們放在身邊的物品對我們的生活十分重要，但同時也無足輕重，因此我們才會在大教堂被燒毀時，說出幸好沒有人喪生這樣的話來。

目前我在契索思區（Kjelsås）的案子快要結束了；再過三個星期，我就要面對預約簿上的空白頁了。情況一向如此，我去上工，製作一些東西，同時還得留意下一份工作。

# 2

我坐在家中客廳，音響播著「牛心船長」（Captain Beefheart，譯註：美國知名樂團）的歌，外頭是濕冷的十一月夜晚。我昨夜在外頭待到很晚，因此當牛心船長唱道：「我整天四處跑，月亮留在我的眼底。」感覺超搭的。這種音樂很適合洗漱時聽，我便開始聽著，卻被電話鈴聲給打斷了。我不認得那個號碼。

「喂？」

「嗨，我叫約翰．彼德森，我是跟海蓮娜．卡爾森要到你的電話。」

「啊，是托索夫（Torshov）的海蓮娜和那幾個大男生哪。所以是有關房子的事嗎？」

兩年前我幫海蓮娜一家改裝閣樓，那是個快樂的家庭，我工作幹得不錯。海蓮娜有位老公和兩個兒子，有如一九九〇年代紅極一時的法國肥皂劇《海蓮娜和一群大男生》。我就是那樣稱呼他們的，他們大概也覺得很好笑，不過這時我想到約翰．彼德森對此自然一無所知。

「是的，我們住在托索夫，也有間閣樓打算改裝．我們在找擅長改裝的承包商。外面有很多粗手粗腳的人。」他語氣含蓄地說。

「我們想找手藝好的人，所以海蓮娜告訴我們，他們很滿意你的施工，推薦你……」約翰跟我說了一些海蓮娜一家如何利用閣樓的情形，他們也希望自己的閣樓能做類似的改裝。他們所住的合作公寓委員會（housing cooperative，譯註：一種共同管理式大樓，住戶只購買其住家所占的大樓百分比，因此擁有的是公司股份的間接使用權）好不容易同意，讓一部分閣樓改裝成生活空間，透過合作公寓委員會系統取得這類同意十分困難，因為很多人不願改變，認為沒有必要。不過他們現在終於買下閣樓，準備改裝了。

「我能問你幾個關於這間閣樓的問題嗎？閣樓是否直接與你們目前所住的公寓相連？」

「是的，客廳有道梯子通上閣樓，也就是說，我們已經打掉一面牆了，所以我們家是開放式的，客廳和廚房連在一起。」

「你們繪好製圖，拿到建築許可了嗎？你們有按照結構工程師的報告去做嗎？」

我們繼續聊著，彼德森告訴我，設計圖已經完成了，工程師已針對改裝提供說明及詳盡的製圖，他們也申請了建築許可，應該很快便會核發下來。我跟他解釋，我若承包這份工作，將親自施作所有木工。我發出去的小包，都是與我合作多年的夥伴。承包商之間有個重要的區別——有自己工班，以及外包出去。作為一名工匠、聘雇仲介或大盤工匠，之間有很大的差異。

結果我發現，這份工程已發出去招標了，我將與另外兩家公司競標。這樣的招標數很不錯；若有五家的話，我就不會投標了，因為得標率過低。

對彼德森而言，他得從這份名單中挑出一名承包商，是不是最好的不重要，因為我不是唯一這麼想的人，而這跟我是不是高手也沒有關係。優秀的承包工瞭解如何評估得標率，並藉此評估客戶。把報價單限縮在三份以內的客戶，比那些招太多標的人，有更高的機會獲得高品質的施工，因為招標數過多，會嚇跑那些技術最好的工匠。

招標的辦法之一，是先查看十家公司。客戶可以檢視這些公司的推薦人名單、財務狀況及他們想看的事項，然後要求那些看得順眼的公司，花點時間計算投標的價格。提供推薦人名單並不會花太多時間，但準備報價單則會曠日費時。

如果我是根據上述資料受邀競標的三間公司之一，我會挺高興的，因為得標的機會頗大。

我為海蓮娜一家施作的工程，就是一份現成的絕佳推薦；剛巧他們也僅邀請少數公司投標。

談話過程中，我得知約翰在挪威國家鐵路局上班，按他的說法是擔任行政職，而妻子凱莉則在地方政府文化部門上班。約翰暗示說，他或妻子都沒有改裝閣樓的經驗，意思是他們對改裝工程的實務知之甚微，也清楚表明他們將倚賴得標者的專業。

彼德森夫婦有兩名男孩，他們需要更大的空間。原本他們已經開始尋找另一個住處了，但改裝機會出現後，便趕緊把握住。他們很喜歡自己居住的公寓大樓和托索夫區，所以決定改裝閣樓。

到目前為止，他們的交涉對象一直是合作公寓委員會與建築師，他們透過建築師，與工程師及營建部門聯繫。改建的理論部分，與他們日常工作中遇到的問題較為類似，因此他們比較能夠理解，不像現在需要的實作部分——建物本身，那樣讓人摸不著頭緒。截至目前為止，彼德森處理改建的行政公文已經一年多了，顯然有些不耐煩。那表示我得小心處理，別再給他添亂，在他的擔子上加磚頭（以我的職業，應該是加木板）。

文書作業的優點是可以更改；只要不付諸行動，紙上談兵的意義並不大，白紙黑字只能當成某種現實。我不能把東西做出來看看能不能用，再拆掉重蓋。如果戶客願意付錢的話，我當然可以那麼幹，但可能性很低。

對我來說，我會把理論轉化成完工後的景象。我會計算螺絲釘、釘子、建材長度，還會計算工時。我在心中創造一部影片，想像自己施工的過程，而製圖與說明便是我的腳本。客戶最感興趣的是結果，最在乎工匠宣告完工時，他們所看到的成品，不過就某種程度而言，客戶最好還是要能理解書面上的說明。

等工程結束後，設計圖和說明便會被遺忘，再也不重要了，僅是閣樓今昔之間的連結罷了。

我是那忙著施作完工的人，而客戶、建築師和工程師大體上則視之為理所當然。這種立場上的分歧，往往造成彼此的距離，建築師與工程師站在一邊，另一邊是我這名工匠。

我想大部分工匠都處於相同的處境——我們在施工現場看不到建築師，卻很希望能與他或她直接對話，找出對客戶最有利的施工方式。

建築師多半鮮少蒞臨現場，而工程師在評估前，往往也不會跑到工地。有時，我會把他們騙出辦公室——至少感覺上是用騙的。把他們拐到現場後，我們因應突發狀況而得出的解決辦法，通常比他們不到場更佳、更省錢，建造品質也變得更好，使得閣樓改裝後，住起來更舒適。

在我執業的二十五年來，營建業中，學院派及工匠之間的合作程度，只能說是每下愈況，變得愈來愈學院了。同時間，工匠們挾其專業，積極地影響建造過程的傳統，亦日漸式微。以前那是施工過程中極其自然的一部分，可是當各種苦口婆心的建議不被理睬後，就漸漸不再有人去深思與反省了。

若不曾學會更合作無間的工作方式，你便不會懂得自己錯失了什麼。我想，許多建築師和工程師都希望營建業的文化有所改變，大家能攜手合作；目前的狀態，我認為太過強化自我了。所有的單位各行其是，我們太過習慣這種各司其政的工作方式了，覺得很理所當然。

這些基本原則並非依據業界標準而設，換句話說，每位工匠在與所有其他人交涉，包括跟客戶、建築師和工程師周旋時，都要夠機靈才行。所謂「一體兩面」，從不同角度切入同一個問題，真的很適用於這一行。

# 3

我喜歡改裝閣樓。

我喜歡閣樓的氣氛、支撐結構、防火施作、塗工、各種建材，以及跟客戶接觸。我喜歡即時做出的選擇兼具長期考量，這是一種看得見結果的工作。從最初處處是歷史痕跡的老舊建物，最終變成截然不同的全新閣樓。

接到這類工程，我會想像自己接手別人一百三十年前的工作，繼續將它完成。彷彿建造程序經過漫長的間歇期後，又重新開始，只是連串過程裡的一部分罷了。乾燥用的閣樓在過去十分重要，但現在已不再具備任何功能，主要拿來當儲藏室使用。我們現在確實有很多東西需要儲放。在這樣一間閣樓裡，我可以找到一百三十年間的活動痕跡，施工期間，我便與這份歷史待在同一個小空間裡，看得到它的水漬、晾衣繩、舊線路、通風管，也許還有石棉。

彼德森家的公寓位於海格蒙斯路（Hegermanns gate），建於一八九〇年。在上個世紀初，這些建物普遍安裝了電路。偶爾我會碰到第一代電路系統的舊料，雖未接上電，但也沒有拆除：黑色的管線，穿過由陶瓷絕緣器（porcelain knob insulators）支撐的陶瓷鈕管（porcelain knob tubes）。任何通風管四周的石棉，大概都可回溯到一九三〇年左右。

從舊建物的牆壁和閣樓中取出的報紙，會透露以往住戶的情況。一九三〇年時，個人多半會選擇與其政治觀點相符的報紙。《晚郵報》（*Aftenposten*）和《挪威商業海事報》（*Norges Handels- og Sjøfartstidende*）是保守的商報，閣樓樓主便不太可能會是工黨選民。而《國報》（*Nationen*）也許屬於某個從其他省份搬到都市居住的人。在本城東區，我最常看見的報紙是《工人日報》（*Arbeiderbladet*）。

我家裡有一份一九四五年五月吉西林黨（*Quisling's party*）的黨報《住民報》（*Fritt Folk*），上頭報導德國防禦勝利。我是在福格茨路（Vogts gate）一間閣樓裡找到的，不知該住戶為何保留這份報紙。是因為跟我一樣，出於對歷史的好奇？還是與他們的政治觀點相似？

老閣樓的屋頂結構都做得十分扎實、優雅而精準。所有零件都有明確的功能，工藝的邏輯嚴謹、漂亮、簡樸而細膩。以前匠人所用的建築技術，以沉重的木頭為架構，也是這些公寓會看到的典型木工手法。木架上常見字跡和羅馬數字，就像實體大小的模型套件一樣。這是一種早期的預製（prefabrication）形態，顯示施工者絲毫未浪費時間，這是優良工匠所該具備的重要、不變的特質。

他們繪製出建物的結構，在其他能快速工作的地點，製作出各別的零件，然後到現場迅速組裝。這種工作程序，旨在盡量減少出錯。這種建物雖然簡單，但工匠必須懂得建造要領。這年頭，擅長這種技術的木匠已不多見了。我用現代的方式，發揮自己所知，針對我們當代人的需求打造房子。

# 4

約翰・彼德森把建築師的設計圖及工程師的製圖寄給我，並附上說明，簡要地描述工程。我以這些資料為基礎，估算出一百多萬挪威克朗（kroner）的施工價格。等閣樓完工、彼德森一家搬進去時，閣樓看起來就會像製圖裡的模樣，但有五十倍大。就像我小時愛做的飛機模型，只是就本案而言，重要的是模型裡的內容——住戶。還有，屋中的零件並不像模型套組，都是一些沒有完成、也沒標上號碼的東西。

我看著設計圖，知道得花點時間消化，我必須去看看閣樓現場，跟客戶談一談，以充分理解他們的想法，還有他們究竟想要什麼。每位建築師的設計都有其理念，有些是建築本身衍生出來的結果，有些來自客戶的需求概念。我用「概念」一詞來形容，是因為畫出來的設計圖也許與客戶原本所想差距甚遠，最終建成時，甚至更為偏離。這一點我挺有同感，因為我自己也需要時間去掌握製圖與製圖背後的想法。若能知道並理解閣樓圖示背後的建造理由，施作起來會更加容易。

根據設計圖，要改裝的閣樓部分，包含一片稍微大於六十平方公尺的樓層空間。這個區域得涵納一間臥室、一個客廳和一間浴室。現存的樓梯井將改成屋頂下方的夾層或夾層樓板。通往梯井的門會做成火災逃生門。閣樓將以新的一百八十度轉角樓梯（half-turn staircase）與下方的公寓相連，地板將鋪以實木，而不是鑲木地板（parquet）。把錢花在地板上是很聰明的作法，這樣地板能維持更久，而且我覺得會漂亮很多。偶爾能有機會鋪設實木地板，感覺真不錯。

我努力消化製圖，恍若整件工程已如所述一般打造完畢，彷彿我就站在八個月後、耗資百萬的閣樓裡了。這需要時間，但只要我知道這樣才能理解那些說明，就不算白費。

有時我必須逼問客戶，提出各種問題，甚至幾乎惹得他們不高興：這個跟那個為什麼非擺那裡不可，是的，我可以理解，但究竟為什麼？我逼他們解釋，讓他們把想法化成言語，然後讓問題發酵，約一星期後，再重新提出，取得更好的答案。我那麼做也是為了自己，讓我的腦袋能理解清楚，也讓客戶瞭解我們若這樣做或那樣做，結果會是如何。我們必須對施工有相同的理解。

讓客戶知道他們是實際上付錢的人，這件事千萬不可輕忽，也不可小看客戶的性格和我自己的個性。

有些客戶的控制欲很強。若是如此，我得夠強悍，才能充分傳達自己的意見與看法。有些客戶則樂於將大部分決定留給別人去做。

他們會說，你覺得怎麼做最好就做吧，對你相當信任，但他們同時也可能是最難搞的客戶，因為他們往往猶豫不決。於是，我必須讓他們明白，我是為他們施工的人，他們必須親自做選擇。如果我們彼此有誤解，他們最終便無法滿意，無論他們是哪種類型的客戶，我都必須避免那種結果。

錢很重要，價格絕不能超過客戶能夠或願意支付的額度。就價格而言，什麼項目該怎麼做，只是錢多錢少的問題而已，但對客戶來說，他們得做出正確的選擇。

然而，幾乎每個從事改建工程的人，多少都會聽進房仲的話。即使他們將來打算自己長住，還是會用最利於「買賣」的觀點去打造自己的房子。加上大量閱讀室內裝潢雜誌，使得許多住家都長得很像。目前流行的各種色調的白、灰及房屋外牆的淡藍灰色，即為一例。由於不成文的規定與標準，現在的浴室看起來幾乎都像鋪了瓷磚的改版屠宰室。廚房似乎全出自 Ikea（宜家家具）家居顧問的設計，或類似製造商 Norema 之手。我所謂的家居顧問，不是指專業領域的專家，例如懂得室內設計的建築師或優良的工匠。這裡所指的

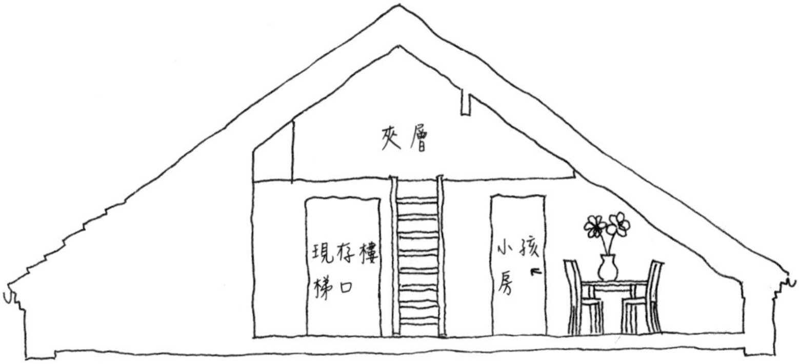
夾層
現存樓
梯口
小孩
房

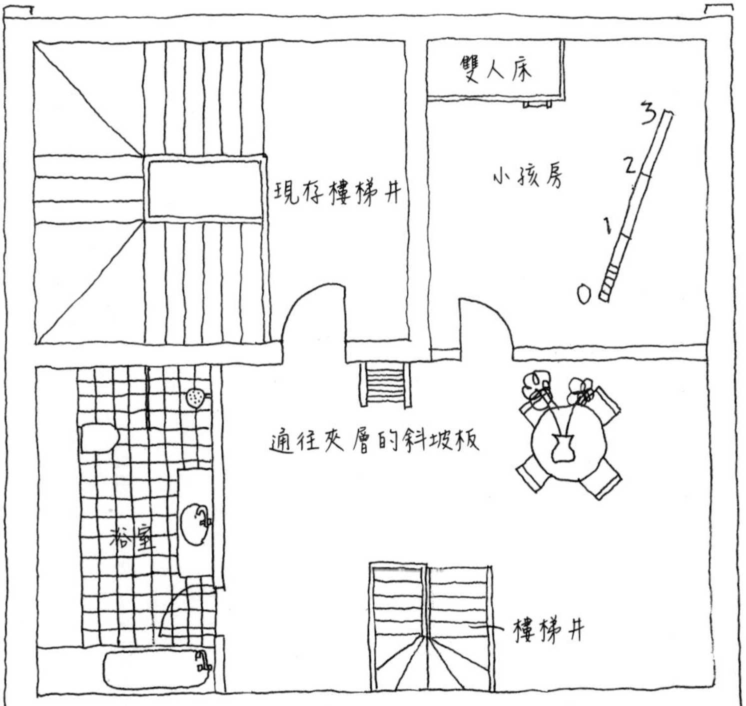
雙人床
3
2
1
小孩房
現存樓梯井
通往夾層的斜坡板
浴室
樓梯井

家居顧問，是商店裡的銷售人員。

我手上拿到的改裝說明與施作範圍實在很不精確，我有些問題想問建築師，想知道他是否打算製作更詳盡的設計圖。我對建物屋頂承重結構的繪製也有疑慮，圖上並未提到要如何處理磚牆，也沒說浴室的瓷磚要如何處理。

我打電話給建築師克利斯蒂安・賀洛森（Christian Herlovsen）時，他沒怎麼理我，我必須用手邊的文件去施工。

# 5

星期四晚上，我來到托索夫區，站在海格蒙斯路的公寓大樓外。灰色的公寓正面十分樸素，沒裝飾與建築技巧，但我挺喜歡。許多人喜歡在外牆塗灰泥，在窗戶四周飾上花邊，但我覺得簡單的建物正面很耐看。這棟樓房以前也許跟所有其他一八九〇年左右的建物一樣，十分莊嚴。以前的人會把一段段的裝飾安到牆上，就像我安裝壁腳板一樣。目前建物的門面，也許是一九五〇年代裝修後的結果。這跟以前的情形一樣，也是建物歷史的一環。

這邊的人行道很寬，街上可以停車，那表示我有地方停靠貨車吊機和廢料桶了。大樓入口正對著人行道，另有一個遮蔽的玄關通往大樓後方，並可從那邊走到樓上公寓，這邊的大樓通常都這樣。玄關通向庭院，車子不能進去，但如果需要在一樓街面暫時儲放建材，會很方便。

我在走上樓梯的過程，對施工地點做了初步的調查，到處都能找到可用的資訊。樓梯井的可用空間非常重要，會影響建材運送的難易度。梯井可有足夠的空間能輕易搬運板子？梯井中央的扶欄間，有沒有可能傳遞較長的建材？如果牆壁最近才粉刷過，就得特別小心了。

設計說明上並未提到入口區及樓梯的防火裝置。閣樓若要改裝，就得另想辦法，讓整個梯井都能符合防火安全規定。我看這邊通往地下室的門，以及公寓裡的門都已換過，應該都符合規定了。從地下室以上，都鋪上了必要的石膏板，因此可以相當確定，防火工程已經納入考量。這些區域的說明中之所以沒提到防火事項，並不是因為忽略之故。

約翰跟我打了招呼，為我介紹凱莉，孩子們今晚到爺爺奶奶家了。這是我們第一次會面，或許也是最後一次。他們想見我、評估我，他們人似乎不錯；我們彼此互相評量。大夥在廚房餐桌邊坐了一會兒，細讀平面圖。我們大略談了一下工程的狀況，我問了幾個關於細節的問題，以示我瞭解這份工作，並且讓他們覺得我感興趣——我確實也是。盡可能瞭解這份案子固然重要，但要有整體的瞭解得費點時間，目前最重要的是第一印象。這才是第一回合，我若想拿到這份工作，就得穩當地進行。即使隔著桌子，彼此交談的方式，還是足以預示將來雙方遭遇問題時的合作樣態。先探測彼此是否合拍，這一點相當重要。

我跟約翰談過兩次話了，現在又見到凱莉，他們夫妻成了我腦中的「彼德森家族」。

我們走上閣樓，閣樓裡頭相當陰暗。我打開我LED頭燈，將隱蔽處、縫隙看個清楚，然後將我的蘋果筆電放到凳子上，輸入他們給我的資料、提問的回答，並記下任何我日後需要記住的事項。

有許多類型的現場勘察，並不適合在冬天做，因為天候昏暗，而且落雪會遮蓋一些想看清楚的特徵。但話說回來，冬日喧鬧盡去，夜裡星子早早便閃爍生輝，連在都市裡都能看到一些。這樣也挺不錯的。

我把頭探到老舊的天窗外，四下環視，看著煙囪、防風罩，並盡可能將屋頂看個清楚。黑暗令我覺得自己彷彿身處《鐘樓怪人》的場景中，一輪彎月出現在兩管距離頗近的煙囪之間，頗像一把刀，將一管大煙囪切成兩半，再擺回原位似的。由於覆雪的關係，不可能看得到遮雨板，或是板子與屋頂石板相接的狀況。

這屋頂八年前換過了，應該沒有問題，煙囪也檢查過了，情況十分良好。這間閣樓建築，跟十九世紀末奧斯陸其他的頂樓空間相似，又大又寬敞，距離屋脊有五、六公尺高，有繫梁、繫筋、支柱等大家覺得好看的結構，只是這些構造占據很多空間，十分礙手礙腳，屬於都市版的粗獷浪漫主義。閣樓屋頂十分陡斜，間壁牆很高，非常適合改裝，因為天花板下會有很多空間。樓梯的梯井像個立方體似的杵在閣樓裡，改裝後仍會保留下來，上端空間改成夾層。防火牆到時會蓋在這個立方體的周圍。

幾個儲藏間，是利用當年整棟建物還全新時的木頭打造出來的簡易通風空間。有些儲藏間會打掉，變成起居室，閣樓中剩下的空間才留作儲藏室。雖然所剩空間不多，但儲物空間應該足矣。

閣樓中夾纏不清的電線、電話線、電視電纜都得重新拉過並設置，很多線纜可以移除了。電視和電話公司的人必須提早聯繫好，這些人通常很難找，而且也不急著出現。切斷人們與外界的聯繫，可不能小覷。當你已經搞得鬧聲隆隆、煙塵滿天飛時，你不會想再拿這種煩人的事去擾鄰，把自己變成鄰人眼中的垃圾或討厭的害蟲。在另一名工匠前來改裝閣樓前，大樓也許已經做過許多次的裝修與改建了，進一步的改建，可能被視作漫無止境的嘈雜紛擾。可以理解，人們或許已經受夠住所變成工地了。

我記下一些還未對彼德森夫妻提到的事項。現在談尚言之過早，雖然提點他們注意也不錯：有兩個用石棉隔離的通風管得處理。這些通風管必須用新的管子重建，管子將穿透屋頂，然後安裝新的頂蓋；有條污水管必須移除，或者更精確地說，得重新拉管。煤煙蓋也得拿掉，屋頂下的磚造通風井有一部分已經損毀，但頂端並未封起來。我不懂做這件事的人心裡在想啥，不過基本上，他們等於打造出一棟容易失火的建物。火會透過這道磚井延燒到閣樓，煙氣一路上通無阻。通風井必須穿過屋頂才行，而且得用隔絕的通風管。這算得上嚴重的缺失。

彼德森夫婦表示希望能有良好的施工品質，避免不預期的支出，並希望盡早知道報價。我目前注意到的事項，清單並不長，額外的施工與整體工程的造價相比，並不算多，但是總價還是相當可觀，建築師並未將這些事項涵納在他的說明裡。他為何隻字不提？也許是因為指出額外費用會惹人嫌，彷彿這些費用跟你有關，所以最好無視，直接把問題丟給別人。這已經變成一種文化、一種工作方式了。聽不見惡魔，也看不見惡魔，只有等無法視而不見或聽而不聞時，才會剩下最後一種可能——與魔鬼對談。

施工過程中自然會遇見的問題與困難，就這樣被鴕鳥地丟到了一邊，直到再也無法忽略為止。通常這種情形發生於施工一開始，建築師把燙手山芋扔給工匠，而工匠不得不告知客戶，因此客戶很容易會把工匠當成挑起問題的人。

我喜歡有話直說，誠實地讓客戶知道我看見的一切，不管是好是壞。我喜歡早早讓客戶瞭解狀況，但現在暫時不能說，因為那會降低我得標的機率。此事得稍後再提。

我還得收斂一下自己對這份工作的熱情。我腦中掠過各種景象，把工程的大項和細節逐一納入，慢慢形塑出大體的樣貌。我想像新舊椽木和天花板橫梁接裝後，再用石膏板遮

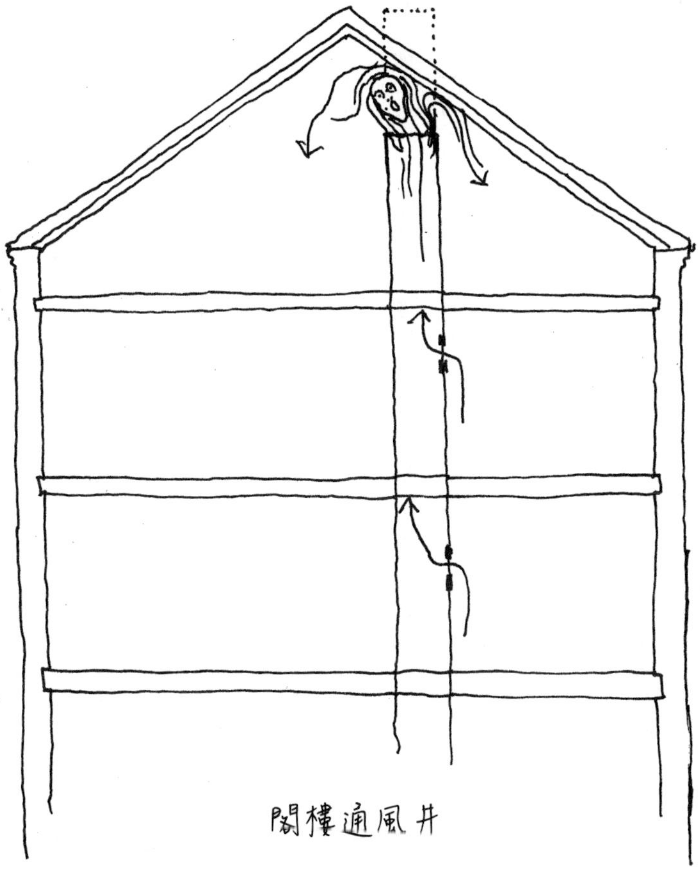
閣樓通風井

住，要等五十年或一百年後，才會再有人看見。或許到時讓它們重見天日的，是一位像我這樣，腦中整天轉著各種影像的人。這位未來的同行雖與我相異，在許多方面卻十分相似。他或她儘管從不認識我，將來在拆除外遮物、顯露出基底時，也許能懂得並欣賞我的手藝，知道我施工相當細緻。如今我在檢視閣樓時，對當年施工的匠人，便是這種感覺。我本可告訴彼德森夫婦，他們若願意相信我，容許我為他們改裝閣樓，對我意義十分重大，可惜事情不能那樣辦。我得等待輪到自己說話的時機，因為建築師、結構工程師以及營建處的承辦人員，他們全都排在我前頭。

我可以為自己發聲，但態度須謹慎謙虛，略帶討好的態度，因為不論就現實面、心理面或社會狀態，事情的順序就是如此。在我按照建築師的設計圖施工期間，他手上或許有二、三十份類似的工作，結構工程師在我改裝一間閣樓的期間，也可能為上百間閣樓做必要的計算評估。

我覺得自己對這類工作的用心與投入遠高過他們。這不單是依據工作時間得來的看法，也是按照我從事這類改裝時，在建築師及工程師身上見到的投入程度，所得出的結論。

對我而言，這份工作幾乎是我半年的收入，我將把自己搞得渾身大汗、全身髒污、敲到拇指、割傷自己，而且還會凍得半死。我若獲得這份工作，它將占去我生命中一段特定的時間。

我希望別人能依照我的專業表現評判我，把我的專業視為一個人，因此私心希望將來會有某位實力堅強的匠人，欣賞我的施工品質。我常想，一百多年前的建築工匠們也會這麼想吧。在我心裡，我們是一群代代相傳、形同朋友的同事。

# 6

我在契索思區天狼星之路（Siriusveien）的工程進度都很準時，這會兒正在換新窗子、施作地板，以及各種雜項。屋主在這種季節裡，不會使用戶外區域，他們是很好的客戶，同意我把剩下的工程延遲兩、三天，讓我有時間為彼德森夫婦家的工程估價。

現場勘察進行得十分順利，我詳實地消化一切，修正我的看法，讓製圖更切合眼前所見。有時在勘察工地時，我會立刻知道，得再回來看第二遍，才能徹底消化一切。對於估算這種規模的工程，具備整體的看法和自信非常重要。本案總體造價將超過一百萬克朗，光是木工就要耗去六或七百個工時。我若沒抓準，估價過低，我的成本就會變得太貴，但若報價過高，便拿不下這份工作。

建築師已經備好一份工程的逐條說明，加上案子主要部分的材料數量估算。但這份說明欠缺細節，以下舉例說明：「牆壁與天花板塗以灰泥，修整後，上兩層漆，松木實木地板要磨砂上油，兩個大小七十八乘一百六十公分和兩個五十五乘七十八公分的威盧克斯牌（Velux）天窗；窗邊鑲上灰泥板；浴室內用 Ikea 內裝」等等。總而言之，製圖與說明寫得不明不白，若是照著做，風險太大。

我大可逐一列出需要額外添加的工項，說明那並不包含在投標的價格裡，因為他們的項目中並未提及。我可以隻字不提，可是不教客戶注意這些事項，感覺像在欺騙。

無論如何，我得說明我的價錢是怎麼估出來的，但又不能講得過細。如果我在這上頭花太多時間，便有做白工、免費給人諮商的風險。我之前有過多次經驗，我的投標價和說明被轉給別的公司，後來工程就包給那家公司做了。

像這種有四個投標者競標的案子，承包商在得標之前，得先花不少時間。我大略算一下，讓讀者更加清楚。

假設四個承包商每人用掉四天的時間估價，加起來就是十六個工作天。四個大包商要求他們的小包商估價，有五個小包商囊括以下工項：泥作、電路系統、暖氣、通風及空調（H.V.A.C.），還有水管、油漆和裝飾。

五個小包商估價乘以四個大包商的案子，總數就是二十。假如我的小包每項出價用掉一天，包括勘察現場，那樣就是二十天。四個承包商的總工作天為十六天，小包商為二十天。所以總體而言，像這次的投標就要耗去三十六個工作天——如果製圖和說明都做得不錯的話。

三十六天、一天八小時，相當於二百八十八個工時，將之乘以時薪五百克朗，這場投標在不算稅額之前，就要花十四萬四千克朗了。

有四家公司競標時，得標機率只有四分之一。一般而言，這類工程平均得投標四次，才能拿到一次。

獲取這種工程的成本要十四萬四千克朗或二百八十八個工時，其實是很費工夫的。投標的製圖和說明非常重要，因為是工程內容的依據。一開始先看文字。我根據建築師與工程師擬出的文件估價，他們的工作往往看似比工匠的工作來得重要且困難。如果工匠覺得說明不清，便很難提出正確報價，也很難避免與客戶發生衝突與歧見。

我們在遇到困難時，建築師好像就會神隱起來，以為客戶和工匠自己會搞定問題。對客戶而言，概念式的設計也許比較好懂，而且畫在紙上很漂亮，但若沒有令人滿意的說明，施工後造成超乎預算的額外支出或者謬誤百出，客戶可能得付出相當昂貴的代價。

實務方面的專業經驗，與工匠面對面的接觸，這些都有助於瞭解實際工程，但上述這些情形在建築師及工程師身上，可說是每下愈況。

姑不論建築師或工程師是否故意如此，但後果確實不容小覷。我覺得那是他們專業中一項極大的缺陷，但他們並不會受到影響，因為他們的職業比工匠更具威信。這種說法當然很難證實，但我想，許多從事建築實務的人都會認同我的看法。

事物的想法或概念，之所以優於該事物的實務執行，這是社會日益重視理論之後，自然衍生的結果。實物的施作會犯髒、會失準，而概念卻是純粹無瑕的。理論永遠無誤，理論在付諸行動、出現人為的失誤和材料出錯之前，都是零缺點的。製圖出錯的可能很有限；製圖畢竟只是紙上的線條——乾淨衛生，保守又不會出問題，施工則幾乎相反。

其實每次我在準備投標時，很少亂想這些事，我會很快地專心思索工作本身，但我除了做自己本分的事——當一名略懂個體經濟及法律的工匠之外，還必須同時是心理學家、社會學家、人類學家兼歷史學家。

簡略的投標文件，可能會造成客戶拿蘋果比橘子，因為不同的承包商想法互異，對同一批文件的工程說明，詮釋也不一樣。我的競爭對手中，若有人在閱讀附件時，未能像我看出這麼多端倪，但結果依舊贏得競標，我還是輸了。評估「正確」是沒辦法支付帳單的，因此就算工程最後大超支，客戶跟我的對手吵架，都絲毫安慰不了我。

熟練的承包商會被拿來與為得標而削價競爭的對手相比，因為那是他們唯一能取得工程的手段。在許多面向上，價格是比較的最終基礎，價格比專業能力、施工品質來得更重要。這種削價對建築市場的運作，造成了相當不良的後果。

承包商在工作的一年中，彼此會交換許多經驗故事，有拆掉新蓋的浴室，也有一般的拆除與重建的故事。承包商有時會被再度請回去檢視施工，幫當初的競爭者收拾爛攤子，這種事也是屢見不鮮。客戶會問他們能不能重新施作，把問題解決掉。幫別人擦屁股並不好玩，可是施工實在爛到沒法修正、浴室只得整個重新改建時，也挺悲劇的。身為木匠，我最愛聽的，通常還是那些重要部位被某個白痴移除掉，使得載重結構遭到破壞，讓一切岌岌可危的故事。

能有機會修正自己的錯誤是一種福氣，最好是一些小錯誤，因為留下連自己都無法擔保的成品，只會損毀自己的名譽。我在當學徒時，老東家總在我幹傻事時叫我放輕鬆。工作順利時，他比遇到問題時更加嚴厲，我明白他的用意——我得為自己的拙劣成品負責任，就如同做得好時也該受到稱讚。只要我瞭解，目的是要把事情做對，那麼尋求協助就不是什麼天大的問題了。承認錯誤雖讓人覺得丟臉，但揪出錯誤並予以修正，是這一行當中很自然的一部分，而且能導致更好的結果。我自己對別人並不總是那麼有耐心，遇到不喜歡的事，會變得很煩躁。碰到那種時候，我需要冷靜下來，並事後道歉。我的老東家以身作則，示範這時事情該如何處理。我回想他的措辭，並把他的話變成自己的。不能老是按照我的規則辦事，並不表示那些規則就是錯的。

老東家以前總說，是自己的錯就得認。因此當我發現自己失了禮，便會為自己的行為道歉，必要時，就修正自己的錯，呃，如果我能看得出錯誤的話。

# 7

工程簡報中有個大紕漏，我在第一次審件或勘察現場時，都沒看出來，但現在我看到了。平面圖上畫了一間漂亮的浴室，沿著長邊的牆有條長椅，對牆是水槽跟櫃子。淋浴和馬桶在浴室一頭，另一頭是浴缸。

如果建築師把地板中，強化屋頂椽木結構的支柱和繫筋都納入考量的話，這原本可以是一間很漂亮的浴室。這間閣樓跟所有其他閣樓一樣，結構會這麼蓋，不是沒有道理。支柱和繫筋可以幫助支撐屋頂，可是若要騰出空間裝下浴缸，就得拆掉了。

要施作這種改裝，就得加強支撐屋頂。由於現在閣樓要加上隔絕層，好讓暖氣不容易流失，雪將融化得更慢，屋頂得承重更多、更久。屋頂在重建時必須符合現代的負荷標準，這可比以前嚴苛多了。

工程師把這一點納入考量，也附上屋頂的強化估算，卻必須考慮進剩下的支柱與繫筋。彼德森夫婦和他們的孩子將來一定會抱怨，泡澡時得躺在其中一根梁下。那肯定很不方便，不過比起在浴室另一頭上廁所時，得棲坐在梁木下，簡直不算回事兒。

建築師和工程師都沒考慮到這一點。我們得找出新的辦法，解決支承結構的問題，工程師必須再把他的工作重做一遍。

支撐結構的原則很簡單：所有東西一定會落到地面上。這是牛頓的蘋果，是重力的第一堂課。閣樓的結構雖不若哈當厄峽灣（Hardanger fjord）上的新橋那般複雜，但案子才剛開始，解決辦法並不是那麼顯而易見。當前的問題是要找出一個造價合理、好看又容易建造的辦法。

首先，我得找出解決之道，然後解釋問題出在哪裡。按這個順序做事，我會讓彼德森夫婦留下好印象，而他們挑選承包商時，也會有幫助。

我仔細消化問題，找出一種非常簡單的答案，不管我有沒有拿到這份工作，都樂於見到辦法生效。

我畫了一張草圖，打電話給約翰．彼德森，解釋問題所在。等彼德森灰心喪氣了一天，而且找到時間跟建築師分享心中的失望後，我再與他聯絡，告訴他，我想到一個點子，但我需要多一點時間畫出草圖，其實草圖早已畫好。我只是想讓他們瞭解，我這邊是必須多花力氣做這件事的。我問他是否想要我畫草圖？接著，問他是否要我跟建築師及工程師談談看？如果需要的話，他能不能事先給他們打個電話，讓他們知道我會打電話過去？當然要，好的，好的，謝謝你。

接著就是天字號的大哉問了：

「呃……這要花多少錢？」

「不用錢。」我說：「就當作是服務吧，我想得到這份工作，希望能為您效勞。」

我跟他這麼說，雖然說得誠意十足，難免有種擺盡低姿態、把自己廉價賣掉的感覺。我已經記取過教訓了——你得把自己當成商品去販售。以前我可沒那種手腕，或者也可以稱之為狡猾。我心裡雖不舒坦，可是等你被騙過，吃了幾次虧之後，自然便會明白。我就是個技術商品。

彼德森已打過電話給建築師，現在輪到我上場了。克利斯蒂安・賀洛森是一間小事務所的合夥人。我第一次跟他聯絡時，毫無結果，我在這份工程投標前，從未聽過這號人物，但我在網路上查過他，這位仁兄參與過幾次類似規模的建案，應該知道自己在做什麼。他理解問題，也想找到解決辦法。我繼續跟他聊，最後他問我是否有任何建議，我便表示有。

建築師現在沒有那麼愛理不理了，但他拉不下臉去承認我說得對，或稱讚我發現了問題，還花時間想出了解決辦法。

我解釋自己的點子，獲得他的贊同，現在只剩打電話給工程師，再提供一下免費的諮詢。我發簡訊給彼德森，確定他已聯絡過工程師，告知工程師我會打電話給他，同時向彼德森展現本人是如何為他的案子在忙碌。

這很有意思，如果我們能捨去爾虞我詐、真的攜手合作，就更好玩了。我若能拿到薪資，則又更佳，不過我總共只花了幾小時而已。這種經驗就像同時兼當學生與老師，也讓我再次確認一個永恆的真理——商業即供與需，儘管我們工匠被視作營建業的下游。

結構工程師哈維森（Halvorsen）接到我的電話時，似乎很訝異。彼德森雖然已經事先提醒過他了，但他跟一般工程師一樣，經常很忙碌。我們安排第二天在電話上討論。

於是，週五早晨我與工程師做了電話討論。他表示無法到現場與我會面，其實我覺得那樣會更容易想出解決辦法。我猜他只看過建築師的設計圖，認為現在沒有必要做實地勘察，反正平面圖上都有尺度了。

我大略指出問題，以及需要做什麼。沿牆的繫筋和支柱必須拆掉，這一點他也同意。接著我解釋解決方案：

「我們重新打造結構，做一個有脊梁的屋頂木架，把脊梁插到山形牆的洞裡，然後用磚頭圍起來，再把脊梁另一端架到梯井牆上的柱子上。」

「那樣應該就行了，對吧？」

哈維森考慮一下後表示同意。

「唯一的問題是，我們拆掉那些繫筋和支柱後，椽木的力度會變弱，必須強化才行。」他說。

「是的，」我說：「我們可以用膠水和釘子，以二乘九的木條加以補強，需要多少就補多少，然後在舊椽木之間加上新的椽木，這樣就能把屋頂的椽木數量加倍。也是用二乘九的木條。」

工程師想用多層膠合板（Kerto beam），我告訴他二乘九的就可以了，但他得計算清楚需要多少木料，而且必須是C30的質地，而非一般的C24，硬度才夠。地板的施工也一樣，那種等級的木料價錢合理，且易於施作。

「是的，當然。」他說。

我們一步一步，慢慢達成一致的意見。

「為了讓新的椽木在間壁牆上有支撐的地方，我們可以在椽木下安裝一條二乘九，並把木條固定到牆上，這就足夠載重了。」

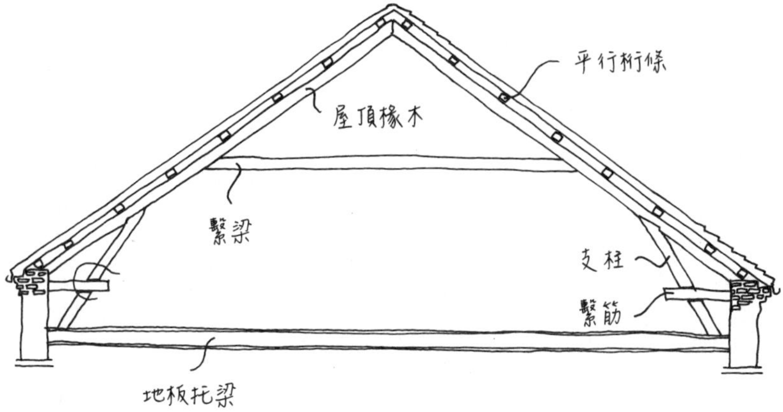
平行桁條
屋頂椽木
繫梁
支柱
繫筋
地板托梁

原始結構

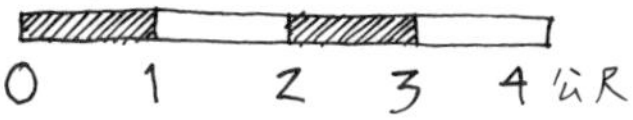
0 1 2 3 4 公尺

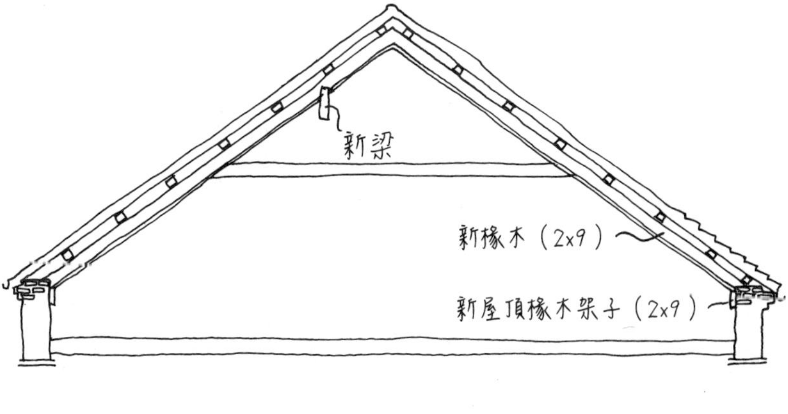
新梁
新椽木（2x9）
新屋頂椽木架子（2x9）

新結構

工程師表示同意，但他認為我們也許會需要兩塊厚木板。他會計算看看。

「繫筋和支柱到時就可以拆掉了，對吧？」

可以的。這一點頗令我們兩人開心，但我的話還沒說完。

「如果我們把梁木移到屋脊一側，梯井上邊的夾層規畫會變得更好，因為無論是梁木，或架起梁木另一端的柱子，都不會擋到上樓的台階了。屋頂正下方的夾層樓板區，高度挺不錯的。如果為了那根大梁木，而損失頭上的空間，就太可惜了。反正斜坡板一定得放在屋脊正下方，因為不能擋住通往梯井的門；那扇門並不在屋脊正下方。」

「沒錯！」這下子他又活過來了。

不久那個解決辦法也搞定了。工程師大致解釋，椽木可以延至屋頂脊梁側邊多遠的地方，並慢慢解說，若是把椽木往那邊移，屋頂結構的推力會是何種狀況，臨界點會出現在何處，哪裡的承重會加大。

「最重要的是，我今天學到新東西了。」我說。

哈維森為人不錯，似乎還挺喜歡我們的談話，甚至撥空多聊了一些。我們又談了一會兒建築與生活的種種，才互相道別。

他會製作圖面，把圖寄給建築師賀洛森，建築師會把它納入工程圖。

今天是週五；過得相當順利，我晚上想休息。我可以看看價目，明天再擬出一份投標單。明天，明天，不過又是另一天。

# 8

我沖了熱氣蒸騰的熱水澡，動用一堆肥皂和指甲刷。過去幾天，契索思區的工作變得髒污而多灰，因為有大量的拆除工作。泥土還卡在我的毛細孔和皮膚的皺褶裡，根本不可能徹底清除，我盡可能把手刷洗乾淨，那是最重要的事。

我喜歡我的手。這雙手是用我的年紀與工作經驗塑造出來的，上面有些疤痕，但疤痕都不大，所有手指依然完好，它們就是我的作品：一雙木匠的手。皮膚雖然粗糙，但沒有老繭，我已經很久沒有長繭了，手上的皮膚就像一層薄薄的工作手套，我想應該可以從中看出我的歷史，我的手看來就像我這生做過以及正在做的事。它們就是一份證明書，一份我的個人履歷。

鐵工和泥作師傅的手掌都很厚實，前者須大量使用鉗子，往往會被銳利的金屬片邊緣割傷，所以很明顯。泥作工得搬運磚塊、沉重的桶子和袋子。水泥、灰泥、水泥漿都不是潤膚霜，其實更貼近強力磨砂膏。與那類型的工匠相比，我的手算細緻了。

我在泰迪酒吧裡很自在，那裡就像我的第二間客廳。我下午早早便過去喝啤酒吃漢堡。猶翰、艾斯本和克里斯特坐在酒吧一角，你不必特意安排時間，就能到這裡跟朋友和熟人聚會。

找一間好酒吧，最棒的理由就是那些偶遇的同伴，我發現這裡的朋友是最讚的。混酒吧得有些耐心，你未必會碰到對味的人。泰迪酒吧的人不會在乎社經地位或背景，談話只針對內容，而不是說話的人。我們可以天南地北地暢談，不會因為期望或刻板印象而受到批判。

今晚在吧台後工作的是英格與班特，魯納待在廚房裡。他們幾位跟客人一樣，都是很好的夥伴。輪到魯納做菜時，我總是點墨西哥辣味肉醬漢堡，他的辣味肉醬讚爆了，我會點雙份。

克里斯特是做資訊科技的，班特是演唱會和各種活動的索具裝配員。雖然這些年我在酒吧裡跟猶翰聊過很多次，但我不確定他做什麼，好像是在奧斯陸及阿克舒思大學學院（Akershus）擔任管理員或講師。我坐在這些人旁邊，聊工作、談書籍和各種垃圾話題。

思諾應該是受聘於大型建築事務所的丹麥木匠，我們的信譽都很不錯，但在兩個不同的星球上工作。我有自己的閣樓和改裝建案，他在市中心的大型工地上工。更重要的是，我經營自己的生意，那是最大的差異。我們的星球遵循不同的軌道，但有時會十分接近。我們兩人都有木匠的手，強風吹颳、煙塵飛揚時，我們都得忍受刺骨的寒氣。

思諾穿著工作服，因為他住得挺遠，沒辦法先回家換衣服再出來。當他在空盪無窗的水泥牆間，歷經一個星期的風吹雨打後回家，踏入一室的溫意時，最需要的就是淋浴和沙發了。如果思諾想到酒吧喝酒，便得下班直接過來，因為啤酒和朋友也很重要，沖澡和沙發可以稍後再說。思諾和我都認為，像這個週末負八度到負十度，算是不錯的溫和天氣了，因為負二十度實在有點難熬。風還是颳得讓人難受，但情況至少好多了。

有個傢伙進酒吧點東西，他打量思諾，發現他身上穿著工作服，便說：「下了工直接來的啊？還穿著工作服？」

這位仁兄顯然興致很高，想開點玩笑，我還以為他會用手肘頂一頂思諾的肋骨，卻聽他用雙關語嘲諷丹麥人在午餐時喝巴伐利亞啤酒。

「那樣到了下午是啥情況？公尺跟公分的長度還會一樣嗎？」

那位仁兄大剌剌地說，丹麥工人真的會在工作時喝酒。思諾先是看看他，然後瞥一眼跟他同行的那群傢伙，用大拇指比一比肩後說。

「你們這群人是今天領薪對吧？」他問。顯然就是那樣。「穿著工作服呀？我的意思是，你們看起來都一樣，是不是辦公室規定要這樣穿？」

這回思諾等對方答腔，但那傢伙一臉茫然。思諾沒等他回答，逕自扭身回到我們這群人之中。那傢伙灰溜溜地拿著自己的啤酒回朋友桌邊，不再來吵我們了。

「我是不是有點傲慢？」思諾問。

也許吧，但那傢伙更傲慢，只是自己不知情罷了。如果有人要取笑丹麥工匠和喝酒的事，也該由我們這群思諾的朋友來講，而不是由一個搞不清自己也是按規定穿制服的尖酸上班族來說三道四。

我們繼續聊天，話題轉到了營建業。那些目前幹建築業的人或許不是什麼健康模範生，但以前的工人真的更愛喝酒。身為年紀最長的我，確實歷經過開工前得先清理掉一些空酒瓶，而工人會在工作時飲酒的一九八〇年代。我們會談論這些事，但不會特別去談喝醉的丹麥人。

時代變了，現在很少聽說有誰會醉醺醺地上鷹架，或操作危險機具。如果那些人還在幹這一行的話，不知會發生什麼事，他們能否在寒冷中工作，還是一病不起，甚至死了。整體社會的酗酒情況並未改善，因此他們不是離開職場，就是改變了喝酒的模式，工作時不再喝酒。我想會有很多解釋，但其中一個解釋，從長期請病假的數據上可以看得出來。我們可以確定的是，社會上對工作時喝酒變得較無法容忍，因為在正常生活中，這些人能立足的空間變小了。

光想到一個醉鬼拿著圓鋸，我就不寒而慄，因此我不容許有人在我的工地裡喝酒。不希望有人邊工作、邊喝酒是一碼事，為了讓整體工作順利進行，而完全把個人排除在外，又是另一回事，得相對付出代價。白天喝酒只是一個例子，其他以前社會能夠接受，但現在被視為有問題的情形也一樣。系統化作業使得個人無從發揮，被擠縮在規範與權威之間。這造成許多人不再工作，因為付出百分之七十已經不夠了，每個人都得卯足勁，做到百分之一百。對我們許多工匠而言，那個百分比的變化其實是相當大的，但似乎已經不太重要了。

無論如何，我很高興每次掀掉天花板時，不會再被隱藏的空瓶子砸到頭；在一九八〇年代的工地，那可是司空見慣的事。

思諾告訴大家，他目前上工的工地裡，還有兩、三百名員工。大家工作時說挪威語和英文，而且南腔北調，程度不一，並佐以手語。

思諾拿了一張從工寮取來的紙給大夥見識，所有淋浴間門上都掛了一份拷貝。顯然水管埋在工寮底下，而且水管裡的水會結凍，因為標示上寫道：「讓淋浴間的水保持流動。」標示最上方為挪威語，下頭用九種語言譯寫。有個德國人用德文寫說，他的語言不在其列。另一個人則是把上頭的冰島語做了修正，變成完整的句子。冰島人對文法的講究是出了名地嚴格。

思諾要說的是，這種情形不僅見於石油及科技業開放式辦公室裡的國際員工——其實思諾的工作場地比大部分辦公室更開放，因為他吹了一整個星期的寒風。思諾認為，這種語言的多樣化，也顯示了開明與包容的態度。或許他說得對，他那棟施工一半的辦公大樓，就是一棟巴別塔。這種多樣性會造成實質的影響，不單限於語言。

我們所有的行業中，有一大部分專業術語來自外語，自然而然成為我們的日常用語，使我們的語言更加豐富。但是我們目前看到的外勞移民，會造成相同的結果嗎？我們會把波蘭語和立陶宛語納入我們的語言中，如同我們收進德語和英語嗎？

實際上，語言的分歧有些難應付，尤其在大型工地，使用術語的情形變少了。工人往往難以理解彼此，若有各種包工，問題更加麻煩，因為他們的薪資和工作狀況都不一樣。工作場合在語言、文化、專業和社會各層面，都產生了分裂。

拿我在營建業承包的小建案為例，情形也差不多，只是規模較小。語言不通造成的一

# LA VANNET RENNE I DUSJEN

Let the water run in the shower

Anna veden valua suihkussa

Leiskite vandeniui bėgti į dušą

Puść wodę pod prysznicem

Пустите воду в душе

讓我們在淋浴水運行

Látið vatnið Renna
úr Krananum í sturtunni

Deje correr el agua en la ducha

Und wo steht das auf Deutsch?

項問題是，許多小包商的挪威語程度，往往不足以閱讀並理解製圖和說明。他們大都會用猜的，按照自己的經驗法則，選擇如何投入建造過程。由於他們的經驗有時相當有限，結果便會產生匪夷所思的解決方式。

對許多外國工匠而言，經營自己的公司，意味著實踐獨當一面的夢想，或者那只是一種謀生方式。他們開出來的時薪很低，但總比什麼都沒有好，至少比他們自己的國家開價高。他們的動機是拿到一份工作，但那種條件，未必能產出品質優良的手工。不難想像，這種情形會造成許多麻煩，但五十年後的人會怎麼看待這件事，就很難說了。有關勞工移民的語言及一般移民問題的討論，有很多的面向。

匠人的傳統可溯及很久之前，位處歐洲邊陲的我，發現我們的環境如此之小，我們必須求教於更大的技術環境，例如礦業、航運、造船業，從五金、織品及營造業的工人身上學習。工匠會遠赴外地取經，把專家請到我們的土地上。我們從他人身上大量學習，那很正常，也一直如此。

既是手藝，便會有一個行當的術語，從托索夫的閣樓移除的繫筋，挪威話叫strevere，也有逐利者、投機分子的意思。這個字在我們這一行是普通用語，源自德文的streber，與英文strive（競爭與掙扎）一字有關。這個字很可能跟現在許多新語彙一樣，是工人帶進來的。營建業裡確實有很多的爭鬥，這一行的競爭日益增強，漸漸成為工作中自然的一環，把那些參與者變成彼此競爭、互不相讓的對手。這樣的行為模式演變自都市巴別塔冷酷無情的環境，和這個術語的意思，恰成一種反諷。

# 9

約翰．彼德森打電話告訴我，其中一位承包商需要多一點時間，所以他們把投標期限從星期五延到三週之後。我已經收到屋頂結構的新製圖和估價了，依據這些，我想設計圖應該能獲准。這是個十拿九穩的標案，如今及時完成投標，應該不會有問題了。

我在週二帶著我的工班到現場察看——泥作工、油漆工、電工、鐵工，還有負責空調的人員及水管工人。水管工和電工早上十一點鐘就到了，其他人中午才來。

水管工菲尼不做工地了，改待辦公室，他負責估價跟監工。到時真正來工地施工的人也許會不一樣，但他們公司的員工不多，不管誰來，我都認識。工匠常常會走這種職業規畫，最後待在辦公室，成為公司內部不可或缺的行政人員。對有些人而言，那是一種刻意的選擇，從他們一開始從事這個行業就知道的決定。他們去當學徒，或去學習取得認證，然後到現場工作一段時間，學習實務經驗，再繼續進修。公司部門會安排課程，提供機會讓他們上技術學院或讀幾年大學。除了學徒證照以外，菲尼沒有正式文憑，但他有豐富的實務經驗，且十分擅長估價，與客戶周旋。

有些人發現自己再也幹不了營建業的體力活，肩膀和背部都不堪負荷，只得被迫改變工作性質，但繼續以其他形式從事自己熟知的事務。許多人在工作幾年後，身體便承受不住了。受傷，尤其是身體的耗損，往往是永久性的，休息或動手術也不會斷根，那種傷害將影響你後半輩子的生活。

談到這類傷害時，常會有人表示所有職業都有辛苦之處。這點當然無庸置疑，但通常講這種話的人，都不是幹粗活的，而且接著會講到他們的工作壓力跟心理壓力有多大，意思好像是，幹粗活很愉快、單純，只要四體勞動，便能看到成果。雖然事實很明顯，但我還是要說，工藝並非抗壓或迴避同事間衝突的萬靈丹。

營建業裡的行政職缺並不多，許多人被迫離開這個行業。若有專案經理的職缺出現，通常都會由剛取得學位的工程師拿到，而不是經驗老到的工匠。即使是實務工作的籌組，學術的背景還是比實務經驗吃香。

無論你怎麼看待這件事，精幹的工匠離職率增高的後果之一，就是技藝逐漸失傳。人們在巔峰時期，在他們經驗正豐、技術最精、成為專業資源的階段，卻掛冠而去。

愛芭過來察看電工的狀況，女性在工地中並不常見，她算是例外。愛芭的估價十分精準迅捷。

大夥四處察看時，全把工程很快走過一遍。我問他們可留意到任何應該特別注意的事，大夥也輪流提出各自的問題。他們每位都拿了一份自己施工時所需的投標文件。眾人約好備妥估價的時限，等我把他們寄給我的資料都看過後，再打電話給他們。

油漆工看過房子後寫了筆記，點數角落的數量、整個區域的平方公尺數，並計算壁腳板、門窗框條及邊飾的公尺數。我請他估出標準漆作的價格，以及較昂貴及較耐久的漆作價格。塗漆的品質差距很大，我覺得這在投標時有畫龍點睛的效用，表示我們設想周全。標出另一種選項的價格，並不會花太多時間，我們商定在他們施工時，要遮覆哪些地方。我會盡可能等大部分灰泥和塗漆都塗完後，才鋪設地板，那樣要遮蓋的地方較少，更重要的是，損毀地板的機會也較低。

越南文化似乎有某種激勵人去塗油漆的特質，幹油漆工的越南人很多，這是我自己的觀察所得。小譚做什麼事都很利索，他的挪威話自成一格，要聽懂他說的一切，難度頗高，不過他的漆工很讚，價格又公道。我不太確定小譚的專業背景是什麼，但他很擅長自己的工作，而且他的公司對品質評估要求非常嚴格。

油漆工們工作時，氣味令人垂涎，因為他們會烹煮熱食當午餐。他們還帶來煮飯鍋，準備各式各樣的蔬菜與醬汁，令我想到去森林遊玩搭帳篷的情形。在施工現場，並不常聞到熱食的香氣。

彼特是板金工，我還在當木工學徒時，老東家就用他了。彼特很風趣，技術超優，很會鼓勵人。當我需要轉換心情時，就去工地找他。我們合作過很多案子，理清施工細節從來花不了多少時間，最後往往都在談釣魚。我們倆都愛毛鉤釣，而且都愛釣鱒魚，可是我實在不理解他怎麼會愛釣梭子魚。

彼特會給我通風設備的估價，以及幾根穿過屋頂的通風和污水管的費用。除此之外，我請他估出修理現存通風設備的價錢，因為說明中並未提到這一點，得放在額外施工的欄目下，最好趁彼特在現場時估好，這樣我就不用再煩心了。我總是請彼特查看原本的鐵工，檢查一切是否按規矩來。他把頭探出屋頂的舊窗戶，檢查煙囪的狀況是否良好。有些遮雨板覆著雪，但看起來還好。我們聊了一會冰釣，然後就算了事了。

接著輪到泥作。我們需要刮掉牆上的塗料、修理煙囪和浴室地板，以便重鋪瓷磚。泥作師傅強納森也是舊識了，我們因工作而認識，工作外的時間並不會聯繫，但我仍認為我們是朋友。

我靠這群人糊口，靠他們提供的工藝維生，反之亦然。

我們一起分擔焦慮的時刻，在工程款遲遲不下來、必須支付帳單時，並肩團結。我們在精疲力竭卻又非做不可時，彼此鼓勵好好工作。取巧是不容接受的，但我們從不需惡言相向，這也許是我們能處得來的另一個原因。

能跟這樣的人共事，令我以自己的職業為傲。我對他們的瞭解無比深刻，這點我永遠無法對外人解釋清楚。他們與我同受寒冷、灰塵之苦，也非常瞭解我的工作。外人很難理解我們對彼此的尊重，這種並肩合作，是身為工匠最棒的事之一。

# 10

投標的文件內容太過籠統，我得將各種估價分開逐條記下，以便對主要工程包含哪些部分有概略的看法，然後再檢視各個項目。其實有製表軟體可以處理這種事，但我從沒學會怎麼用，雖然用軟體會更方便些。反正這類工作不容易搞定，因為有許多項目得做個人評估。計算軟體的設計，沒辦法做即興計算。儘管手工較為耗時，我還是依照自己的經驗，採取老派的估算方式。

我先決定數量，地板的平方公尺數、塑料片材、防水膜、隔絕材料、每公尺的木料、做受釘條的鋼片等等。我數出門窗數量，然後評估需要多少扣件、多少黏合劑和密封劑。工程每部分所需的材料都得考量進去，從開始拆除到把最後一根釘子釘進去，鎖緊最後一根螺絲，都不能放過。

我登入陶倫木業及營建包商（Thaugland Lumber and Builders Providers）的網站，扣掉

我自己折扣的價格便跳出來了。我到 Motek 買釘子、螺絲釘、黏合劑和密封劑。這兩家公司主要針對專業人士，有一定的產品種類，店面跟上面的樓層，都有知識豐富的人員幫忙。以建築業者為導向的作法，好處是不用等待業餘人士，拿著他們不一定會買的兩公尺壁腳板，把一堆問題問完。身為工匠，看到人們做 DIY 固然不錯，但不用排在他們後邊等了老半天才結帳，也確實令人鬆口大氣。

採購清單顯示，可能要花到二十七萬克朗。

現在我得評估垃圾量，並擬出計畫，處理各種不同類別的廢料，包括合成木料、實木、塑膠、泥土，以及本建案需要的石棉。我計算處理垃圾的費用；石棉的處理規定十分嚴格，我把清理石棉的工作交給專家。其實清理本身並不複雜，但必須正確執行並詳實記錄。我剛入行時，曾以員工的身分清除過石棉，當時業界較罔顧工人的健康，但現在我不再做這件事了。

石棉是一種可怕的礦物，以前的人拿來當防火材料，甚至安裝在一般住宅中。當我思及今日的嚴格規定，便禁不住想，過去那麼多年，不知有多少工匠因石棉而罹癌。製造及販售的業者矢口否認石棉的危險性，即使大家已經普遍接受會罹癌的說法。那一類產品經常出現這種狀況，菸草業或牙醫使用的水銀也是一樣。牙醫助理花了好多年的時間訴訟，才證實他們是對的。

建築工地滿是廢料、隔絕材質、木料和板金的灰塵，還要加上過去使用、現在還在使用的各種化學物，包括黏膠和油漆塗料裡的溶劑，還有水泥產品中的高鹼物質。挪威的瑞典人並不習慣在未戴呼吸防護設備的情況下，使用油性塗料；瑞典跟歐盟對這方面的規定比挪威嚴格許多。我曾試著對使用油性塗漆的人解釋，石油精揮發時，是一種強大的溫室氣體。想像一下，年復一年使用那種油漆揮發物，會發生什麼事。

石棉的例子，可以清楚證明灰塵的危險性，但我們對工人面對的所有化學物和各式塵埃會造成什麼後果，仍缺乏充分的瞭解。癌症與慢性肺阻塞（C.O.P.D.）看起來或許不及從鷹架上摔落或被鋸傷危險，但卻是非常可怕的威脅。

當年的工匠在海格蒙斯路蓋公寓大樓時，用了約二十種不同的建材，現在的營建業則使用到五萬種不同的產品。這樣各位大概知道，想要瞭解工匠接觸的所有建材，是一件多麼複雜的事了。

我估算了工程各別階段要花費的時間——拆除儲藏室、鋪設地板、打造梯井、開設窗口、調低天花板、搬置建材所需的時間。所有工時都得包含在內，時間過得很快，像這樣的案子，工資大概要占去造價的七成。

我已發展出一套搬運建材、將廢料運到樓下的絕佳系統了，可以節省上下搬運物品的時間與力氣。你得懂得如何巧妙儲放運至樓上的建材，因為建材的量體出奇地大。事實上，建材多到施工期間得分批動用三次吊車，否則建材會占據閣樓太多空間，沒辦法施工。我挺喜歡搬運建材，因為需要有方法，就像下棋一樣。

我在加總所有金額後，會再加上一項可能的意外支出，因為無論我的數字算得多仔細，一定會有預期不到的支出。或許是我忽略的事項，但也彌補了我對工程的樂觀，那種樂觀會害我低估施作的時間。我因為認知了這點，所以用會計形式算進超出預算的成本，好自我提醒。我在總價上再添百分之十，如果我覺得算對了，爾後會再減掉那部分。

我會把小包商的粗估費用放進去，等稍後拿到他們的估價，再用他們給我的數字取代原本粗略的估算，做出更精確的總數。目前暫時先用以前建案的價格作為參考，投標價大約會到一百一十五萬克朗。

這是最重要的數字，是真正具有意義的數字，不過仔細檢查是否貼近底標也無妨。我擬了幾個參考總額做比較。

我用一種簡單的計算方式，將一平方公尺的造價乘以總面積，便能得出最重要的比較數字。而每平方公尺的成本，就必須考慮這個建案的複雜性了。在參考過去經驗產生的數字時，我得考慮最近的價格變動，並據此修改我的估價。幾年前，材料價格在一年間爆漲了三倍，那些未能跟上調漲速度的人，都受到嚴重的衝擊，很多建築事務所因此倒閉。彼德森家的案子相當複雜，每平方公尺的造價鐵定很高，尤其還要打造一間浴室。我把數字乘妥後，得出一個結果。

第三份總數則把浴室排除在計算之外，也就是另外單獨列出，要價二十五萬克朗。接著，我重新計算每平方公尺的平均價，然後再加上浴室。

我拿三個數字與我最初估算的總數比較，稍稍可以放鬆一點；我原本得出的總數還滿正確的。

我若沒拿捏好標價，就會吃掉自己的薪資。扣除建材成本、固定成本和小包商的費用，才是我賴以維生的收入。估算錯誤可能會讓我得不償失，估價本身就是一種技術、判斷、評估，因此就總數而言，百分之十的變化或許不大，但就我個人而言，會讓我損失十一萬五千克朗的收入。

以前，我曾經離譜地錯算投標價格。有一次我的應稅所得僅有一萬九千克朗，偏偏我那年又工作得格外辛苦。儘管知道自己隔年秋天不必擔心欠稅的問題，還算堪慰，但是我接下那件工程，等於每小時從自己的口袋裡掏出一百克朗。反正人都是邊活邊學，只要把數學算對。

我的老東家曾經跟我說，每次贏標後，他就會愈來愈緊張，開始懷疑自己得到這份工作，是不是因為他把自己的價格訂得太低。

現在，我釐清這次建案所需的改裝與木作了。改裝即建造部分：塗灰泥、安裝窗戶和其他較大的工項。木作則包括安裝門框及窗框，裝飾與安裝壁腳板，以及內部一些更細緻的工作。這兩種類型的工程我都做，而且我不認為木作比改裝難度更高。就改造閣樓而言，我倒認為相反，不過兩者之間的拉鋸，得視案子的類型，以及你對不同工作的熟練度而定，其中的拿捏極具挑戰。我在施工初期便得想到完工時的狀態。我在一月所施的工，必須經過仔細盤算，這樣在五月完工時，才能既實用又好看。

在挪威文化裡，營建業的工匠對整體施作以及整個行業具備通盤的知識，是非常正常的事。我們對工匠的定義，比許多其他文化更廣。在世界其他地方，較大的建案會由不同的工匠瓜分，因此工人的技能要狹隘很多。

平凡的勞力在任何行業中都不具優勢，往往被視為苦活，但體力活其實能測試出你究竟是能幹勤奮的工匠，還是懶蟲一條。負責拆除、為下一階段做好準備的工匠，剩餘的工作可能也會幹得很好。

廚子、木匠、農人、漁夫這種從事實作的人，對他們的工作都具有這種單純基本的態度。你不能既要工作，又端個架子，不屑把自己弄髒。一般而言，工匠的訓練是從基礎功進步到進階功的。這也能顯露一個人的精神態度，看他究竟視基本功為笨活，或是將它當成工作的基本要件。

這也表現出我們居住的社會特質，生產的基礎愈來愈遠離我們的視線，我們對基礎的瞭解愈來愈薄弱了。我們把鬧聲與泥土隔絕在外，對實作敬而遠之。

把工匠的工作簡化後的結果，並不是我們所想的增加效率那樣簡單而已。各種銷售的小冊子，就像把我們的生活化成了拙劣的漫畫，讓我們看不到生產的過程，也見不到那些製造產品的人——我指的是製造物品的工人。我們不想做牛做馬，我們要的是簡單廉價的成品。

這種生產觀念，表示大家覺得汗流浹背的體力活不是什麼好差事，最好能避免這一類型的工作。這種觀念自然形成一種結果，把製作過程轉移到可以控制的環境和工廠裡，而下一個步驟，就是乾脆把這件事移走，搬到勞力更便宜、人們必須忍受我們無法想像的工作條件的地方。如此一來，製作過程對我們來說，就不可能更有效率或更乾淨了。

可是工藝絕不可能像最終的產品那般一塵不染。當某個東西送到像中國那樣的地方去製造，我們便看不見，也不會去多想。那並不表示製程就會像宣傳品的照片展現的那般純淨無害，只是搬遠了，我們見不到罷了。

在挪威，有關建築的討論，往往聚焦於建物的新結構。他們會用時髦漂亮的說明書去呈現建物，並用圖像裡的樹木和人群，淡化建物的視覺衝擊。其實，就算是新建物，也需要扎實的工藝，雖然新建物的建造通常比改裝來得單純而潔淨。

不過，既有的結構代表了未來的大批建築。我們可以找到更新、更有效率的方法來改裝這些建築，卻不可能在一塵不染、沒有泥土、不會寒冷，也不會讓人流汗的環境下改建。如果把建築當成骯髒的工作，誰還願意幹那些事？

關於這一點，有關「被動式節能屋」（passive housing，譯註：起源於德國的節能建築）的討論，就是絕佳的例子。被動式節能屋的定義，跟所有其他建築標準與技術規定一樣，是可以更動的——向來如此。對大部分人而言，用這種方式減低生態上的衝擊，聽起來雖美，卻嫌複雜。其實，這比改裝一間舊房子更容易達成，只是改裝一定會弄得煙塵滿天飛，因此比起被動式節能屋和現代技術，較不值得討論。

建築市場若迫於壓力，必須努力做到節能，那麼應該把心力導向改裝既有的建築。用優化的方式為新建物做隔絕工程，對能源消耗的影響並不大，還不如好好改裝我們已有的建物。

對政客而言，談論「被動式節能屋」的標準，比談論總是需要維護和更新的各種大型建案，更有亮點。在政治上，簡單的例子，比費半天勁解釋的複雜狀況更容易行銷。若想面對這種情況帶來的問題，便得對工匠及其手藝有不同的重視——至少，若想有效解決這些問題的話。

他們的遣辭用字很謹慎，因為得讓客戶覺得自己選對了；他們把個人放回產品中，並稱之為**設計**。當某項產品的個人元素消失了，受到影響的，不僅是與產品直接相關的工人。當產品拿去地球遠端製作，有關品質和客製化的選擇就變少了。各位若認為移除掉生產過程的個人特質後，還能在成品中找到個人特色，那是在痴人說夢。

手藝本身需要空間。若得到這種空間，便能期待得到人人都覺得漂亮實用的產品。雖然有些東西確實還是很醜或很蠢，但這樣也算添了話題。

多樣性是手藝的本質之一，製作出物件的可能性，是設計師最重要的工具。如果我們有很多才華洋溢的設計師，但沒有人真正做出實物，那我們要販賣什麼？也許我們可以出口設計和點子，或者只要出口設計師就好了？

# 11

最近我連投了三個大的標案，結果統統都沒標到。意思是，我花了很多時間找工作，所以我受夠了，而且有些著急。像契索思的這種小建案，收入並不足以糊口，因此我固定需要較大的案子。

我必須很小心，不能露出狗急跳牆的樣子。我與彼德森夫婦交涉時，表現得既冷且熱，如果我一副恨不得能拿到合約的樣子，別人可能以為我都找不到工作。

至於我的那些東歐同行，一般看法都覺得他們不擇手段，甚至認為那是一種競爭優勢。當然了，這種不擇手段會反映在他們開出的價格。我們都需要依據自己的職業、國籍去順應並調整，那種差別十分細膩，有如紅酒。酒氣無須太濃；喝起來潤口而風味明確，稍具餘韻即可，就像對一份美好工作的淡淡回憶。些微的特殊異國風情固然不錯，但一定要討人喜歡才行。

「波蘭工匠」一詞在營建市場上，就是暗指我無法提供的低廉價格。看到國籍，自然認為東西很便宜，客戶事後多少會覺得嘗到苦果。

我輸掉的那三個標案的第一個，是在價格上慘敗。我認識得標公司的內部員工，所以公開聽到了其他承包商的投標價。

如果客戶容許良好的公司公平競標，那麼價格不會相差太大。在這種情況下沒得標，幾乎算是一種鼓勵，因為這表示我的標價與得標公司相近，估算離目標很近，說不定下次得標的人就是我了。

至於第二個輸掉的建案，我根本不知道客戶是根據什麼做的選擇，甚至不清楚他們已經選擇了，直到我去電詢問，才發現自己沒標到案子。這種事偶爾會發生，讓人極嘔。

最後一份投標的建案也是閣樓改建，我湊巧透過一位舊識，聽到內幕。這位舊識竟然是那位客戶的友人，他覺得朋友的行為太過分了，非跟我說明不可。

那個案子的客戶其實已經決定要用哪個承包商了，招標只是為了必要時調整價格。那位客戶和承包商彼此相識，雙方同意邀人投標。在這起案例中，我和另一名木匠被利用去評估報價，但我們兩人都不可能得到這份工作。

當時，我正在等強納森、彼特和其他人給我報價。彼特有點愛拖，所以我打電話提醒他，我需要他的報價。跟彼特合作從來不是問題，就算他的估價有點失誤，我們也會弄清楚。投標很準時，約翰．彼德森對此頗為高興，他們希望盡早開工，最遲在六月完成。

現在我可以重拾我在契索思的工作，把最後兩扇窗子裝上去，再把地板完成。我得把雪鏟掉才能工作，並在負十五度的溫度下，用凍僵的手指為厚木板上螺絲。

隨著時日過去，或我受雇的日期一天天消失，托索夫的閣樓建案變得日益重要了。我考慮要不要聯絡一些認識的木匠，問他們現在有沒有案子需要人。我還可以打電話給我的老東家，或請建築師傅協會（Association of Master Builders）發簡訊給所有會員，通知他們有一位木工師傅有工作空檔。

如果你無法確定自己有空，就去跟同行討工作，實在不太妥當，因為我若拿到海格蒙斯路的工作，就不會有時間了。萬一我得標了，得立刻上工；這種建案的工作期限，並不容許我去別處兼差。為了準時完工，與彼德森家人維持良好的關係，工程進度一定得穩穩地推進。

這種進退兩難是老問題了，因為最好別拒絕上門的工作，回絕客戶有損自己的信譽。你得權衡自己的工作量，同時兼顧不拒絕的原則，有時會把自己搞得很緊張。幹這行的人心底老是惦記著，有一天可能會沒有足夠的活可幹。

客戶常常會拿一份不夠完整的合約給你。一開始或許無所謂，但所有的細節都很重要，因此我會習慣性地瀏覽一下，把應該納入合約的事項點出來。

我會提出合約的有效期限、可能的開工日期，並詳細列出施工所需的時間。這些條款是可以討論的，這我也會寫下來。報價可依合約訂定後價格的變動做調整。我也會將儲存的建材、垃圾處理等其他問題包含進去。

要求工程師畫出令人滿意的製圖，並隨時提供計算，這種附帶條件太異想天開了。雖然好像理當如此，但在許多案例中，取得詳細製圖是有難度的。我常遇到建築師重重嘆口氣，告訴我，我一定可以設法解決，彷彿那是一種稱讚，讚美我能跟他們一樣把工作做好。

我會要求詳細的製圖，不單是為了施工用。能將選擇的解決方案記錄下來，並歸屬設計圖的責任，也一樣重要。我是想保護自己。

我會在合約中納入一則條款——若工程延遲，會有一套每天定額罰款的系統。客戶會很感激有這項條款，並覺得我很重視期限，而我真的也是。對我而言，每日罰款的重點在於可以預期，而且跟其他方式相較，反而更便宜。

萬一客戶有任何埋怨，一開始沒把合約簽詳細，很容易造成紛爭，說不定還會演變成法律訴訟，最後所費不貲。尤其裁決的結果是要補償造成的不便，那可能會是一大筆錢，不是單日定額罰款那麼簡單。

最糟的判例結果，就是客戶無須支付最終的費用清單全額，將成本分成兩半，雙方各付一半。法院希望找出兩造都能接受的裁決，但未必會是我們喜歡的結果。

施工的時間、施工方式的選擇或施工的品質，都可能引發衝突，可能性有許多種。有一件事是可以確定的，涉入紛爭會令你數週或數月輾轉難眠，爭執所耗去的時間以及引發的憂慮，往往高過律師的費用。

從法律觀點來看，工匠與客戶之間的任何關係，我們都站在專業的一方，應該最清楚問題所在。我們這種經營小本生意的人，很難對可能影響自己職業的法律有通盤的瞭解。與那些較大的承包商相比，本人的法務部門實在寒酸。顯然我應該比我的客戶更懂法律，但小公司也會遇到能力超強、對法規與合約很有意見的客人。

我覺得法律是良好行為的基本規範，事態不應隨便就走上極端。有些客人習慣讓律師替他們解決紛爭，不像匠人會自己搞定。奧斯陸愈是西邊，有家庭律師的客戶數量就愈多，最好避開那些動不動就揚言找律師的客人。許多狀況下的法律用語可能十分模糊，以下範例，是管理貨物供應及服務的規定：

第一條第五項；（一）服務提供者將提供專業服務，並（二）以合理關注的方式，維護客户的權益。依情況需要，服務提供者將與客户商議諮詢。

**專業**是什麼意思？**關注**可能包含任何項目。我們對法律所關注的事，以及法律的合理範疇，看法也許不盡相同。**依情況需要**基本上是一種概念，**商議諮詢**也是差不多的意思。

我認識的一位律師，跟我說過一句挪威法律圈常用的話：「『對』本身是免費的，但是要證明你是對的，則非常花錢。」如果爭執的價格範圍在十萬克朗以內，你就得自問有多想證實自己是對的。大部分紛爭最後都以原價的一半收場結算，許多工匠甚至不了了之，因為造成的不便與訴訟費用，並不值得花上五萬克朗。這樣各位大概知道這類案子有多麻煩了。

法律一般認為專業的一方，也就是工匠，應該更瞭解狀況。然而要判斷什麼才是最好的並不容易，你也很難知道客戶是否完全理解某些選擇的後果。

客戶或許沒有專業知識或技術，但有些客人，連一分鐘都不肯去瞭解建物，彷彿只是到店裡購買電視或大衣之類的成品。

很多建案的客戶非常難搞，而且還打贏了官司，利用工匠的專業度來反咬工匠，因為工匠最瞭解自己的職務，應該要有答案，客戶只是啥都不懂的小寶寶。

那些想占便宜的客戶覺得很多工匠好欺負。只要挑剔難搞，你就贏了，如果找家庭律師，勝算更大。

最糟的狀況就是跟雇用你的朋友或家庭起爭執，我自己就犯過錯，因為熟識對方，口頭上同意幫對方施工。我們原本是好友，最後卻鬧得不歡而散。

改裝工程的施工順序，跟平地起高樓的程序不同。如果我拿到彼德森家的標案，小包商會以工時計價，加上材料費。小譚的漆工是固定價，對雙方都很適合。

我用這種方式籌畫建案，工作便能以最合邏輯的程序推進，保有更多即興發揮的空間，也能找出更實用、甚至更聰明的施工方式。

以小時計價的結果，成本可能失控。我的腦中必須對整體建程有個清楚的輪廓，並與各專業人士緊密合作，工程方能順利。由於木工涉及所有其他專業，自然便由木匠來統管施作。木工的領域十分多樣，是改裝這類閣樓的核心。

跟客戶談妥固定價格，意味著我可以隨自己的意思籌畫施工，並指望手下的小包商能緊密配合，因為我對他們有信心。所有風險都由我承擔，但工程若順利進行，我也將獲得豐厚的利潤。

傳統上，工匠會在工地裡直接合作，不會有太多來自上層的管理干擾。這棟公寓沒有太多人監管，施工人員之間有良好的溝通，工匠們自然會形成合作關係。在日常的營建業裡，這種模式變得愈來愈流於空想，而非事實了。形式變得日益重要，個人直接承擔的責任卻變得愈來愈模糊。也許這是公文如此重要的原因之一——原本的合作文化形式，被另一種監視的文化形式取代了。這種監控在很大的層面上，甚至不是以實境的控管為基礎，而是透過表格和文件的間接檢查來進行控制。

你得先勾選一個小格子，表示自己明白某件事項很重要，等完成後，接著再勾選一個格子。等別人檢查過後，你勾選的項目才會有價值。表格非填不可，因為明明應該在現場的監管者，卻偏偏不在，無法在現場回答各種問題，並且下決定。這種系統，表面上看起來責任都指派得很明確了，實際上並無人負責。這實在很像諷刺漫畫，許多工人真的把它當笑話看。

不同類型工匠之間的關係，也延續著工匠與建築師、工程師及客戶之間的這股歪風。這在我們的建築文化中是個巨大的轉變。

建設公司在自己的產業裡選擇用這種官僚的作法，有幾項原因。以文件為基礎的品管，遍及社會各個領域，工匠也很難例外。較大的公司握有許多權力，而且有行政部門幫忙勾選，因此沒理由反對這種系統。倒楣的是小公司，因為這種工作方式並不特別適合他們，大公司較具競爭優勢。

我已經收到小包商的報價，所以我的估價已經完成了。彼特給了我口頭估算，我用它來估算鐵工。若沒有太大意外，等一切加總起來，標價應該與預期差不多，要一百一十二萬克朗。

我還把額外預算的估價也放了進去。這些數據是依據我認為該做、但僅簡單描述的工程所計算出來的，並未含在投標文件中。

我把這些數字檢查最後一遍，便準備投標了。我附上文字，寫出希望合約能夠涵蓋的重點，以及投標的條件。

等把一切都放進電郵寄出去之後，我只能試著去忘掉這件事情，直到獲悉自己究竟是得標，還是失去這份合約，也就是說，我接下來六個月是否有活可幹。彼德森夫婦會在兩週內決定由誰來幫他們打造新家。

# 14

契索思的工作結束了，客戶很滿意，最後的費用清單已經寄出。

我之前找工作時，有人介紹我去做一份小工。原本我已不期望客戶會再打來了，但他們突然打電話來問我有沒有空。那代表我必須到諾德斯塔（Nordstrand）工作四天，以時薪計算，而且得立即開工。我非常清楚哪些工作比較好賺。

那是一份肥差，只要換廚房櫃子和流理台。客戶人不錯，而且很高興我能立即動工。這份差事再完美不過了，因為我手上沒別的工。這一類工作往往會衍生更多的工作——來自客戶本身，或者來自他們認識的人。也許幾年過去都沒人找我，但完成後留在原地的作品，就像一張名片。如果工做得好，就是一份很讚的推薦信。

我已經通知朋友、舊識，也在酒吧跟我的小包商表示我有空檔。我會暫時先等著，以後再去找同事，然後可能會聯絡木工師協會（Association of Master Carpenters），請他們發放通知。

我趁著這個機會，跑到南邊海岸家人和我從小長大的房子，度了一個星期的假。吃飯、釣魚、睡覺，然後補更多的眠。我的暑假很短，而且之後一直很忙。休息對我不無小補，儘管我需要花個三、四天，才能停止思考工作的事。

每晚入睡前，我的腦子縈繞著各種無意義的猜測與亂七八糟的點子。我在半夜醒來，繼續迷迷糊糊地想著。錢、帳單、技術細節、客戶和他們的希望，不停地在腦中盤旋。到最後，所有這些揮之不去的思索，反而成了證實自己並不懶散且十分勤奮的笨方法。如果事情沒做好，至少我已試盡一切。我一閒下來，就會有個空間打開，竄出一堆蠢念頭。也許是因為我沒有可以投注的實質工作，所以有了懷疑的空間。若能拋開這些煩憂，該有多好。

彼德森夫婦寄來一封電郵，令我脈搏加速，心跳稍稍變快。我煮了一些咖啡，到外頭的冷風中，坐到台階上，點起一根菸，然後打開郵件。我不喜歡急速發生的事，也不喜歡高度或任何嚇人的東西。極限運動不是我的菜，我也不需要——這封信已經夠「極限」了。

噢耶！他們想雇用我的公司，用我。有幾件事他們想討論一下，問我們能不能安排一場會議？沒問題，當然可以。我好高興，鬆了一大口氣。這份工作一定會很棒，比上一份工作更棒，會是最棒的。

我知道自己對這類消息一向反應過度，得到壞消息大失所望時亦然。我應該做好心理準備，保持冷靜，可是得標在實質與精神上的意義甚大，兩者密不可分。我可以有一陣子不必擔心錢的事情了，每天起床就去上工。我能負擔起夏天的度假花費，也有了度假的理由。我會在接下來五個月，天天把自己搞到筋疲力盡，然後好好睡場大覺。

別人問我最近過得如何時，我可以直截了當地回答，解釋近況，不必抱怨或憤憤不平。人家是好意探問，卻會害我想到很多事，彷彿每次所有的擔憂又被強化一次。現在我可以開心地答說，我有很多事情要忙，更有甚者，這是一份很棒的工作。

# 15

我坐在彼德森家的廚房。這是一月初的週四下午，他們全家都在。凱莉和約翰跟我坐在桌邊，兩個孩子看到家中出現陌生人，害羞又興奮地四處亂跑。我抵達的時候，客氣地跟詹斯和費迪克打招呼。費迪克較大，五歲半，詹斯三歲半。詹斯一開始對我有些戒心，不過看到費迪克跟我握手後，也跟我握手了。我相信很快便能跟這兩個男孩熟起來。

我們同意工人可以將廚房當作用膳區，在廚房裡吃午飯，取自來水，並使用廁所。記得剛開始幾次，這樣干擾客戶的私生活，讓我感覺很不自在。我一向帶自己的毛巾放在浴室。儘管有些客戶跟我們表示，用他們的毛巾即可，但我們還是免不了會把泥土、灰塵帶到客戶的私領域中。我盡可能不用客戶的水槽洗東西，我不喜歡看到土灰色的水把白色的瓷槽弄髒。我會盡量把水槽清乾淨，但總是覺得跟之前看起來不同了。

他們對我堅持在合約中規定每延遲一天都要罰款一事，印象深刻，但我也反過頭來取得他們同意，將建造期限延長一週，以策安全。完工日期訂在明年六月中。

他們還接受了另一個條款：萬一我生病了，完工日期最多可延遲兩個星期。於是，我們有了一份明確的約定，讓我有充裕的時間施工，萬一無法如期完工，也能限縮衝突。他們打算完工後，很快地搬進閣樓。

目前為止，我們討論的大都是標準事項，但我們也必須討論雖未納入文件和製圖中，卻必須施作的工項。除非我們能達成協議，簽署合約，否則不算拿到這個案子。

最大、最難料的問題，就是屋頂的支撐。我對新的椽木結構的構想獲得了認可。我將價格標出，成為標單中的一項，彼德森夫婦也接受了。我們還談到石棉的問題，他們同意外包給專家拆除。

我逐一往下檢視工程清單。他們似乎意料到會有這種商議過程，也很明理地在預算中騰出一些彈性空間。我鬆了一口氣。

我表示，也許應讓鄰居負責修理通到閣樓上的通風管；基於安全理由，通風管必須加長，穿過屋頂。我煞費苦心，讓他們明白，我並不知道這部分的工錢該由誰出，這件事他們必須和其他住戶達成共識。我不想多管閒事，惹人不高興，要是我跟鄰居吵起來，那就糟了。反正我已經被人家當成公寓裡的干擾了，不想再另生枝節，與人吵架或起衝突。

凱莉和約翰瞭解，我若捲進某種痛苦的情境，或造成負面後果，只會拖累施工進度。

彼德森夫婦還必須決定是否要換掉公寓的舊電線。老舊系統的燈具與插頭由鋼管製成，配線裝在管子內。電工建議更換這些舊管線，但是會有一萬五千克朗的額外支出。我在其他大樓看過類似的舊管子中有燒焦的電線，因此很感激電工的建議，反正無論換不換，電工方面已經有很多工項了，額外的費用不會高到哪兒去。我們同意不用急著決定，可以晚點再說。

現在輪到彼德森夫婦提出要求了。他們決定親自施作一部分的粉刷與裝飾，如此可以省下一些費用，有助於成本的控制。我覺得沒問題，便告訴他們，我認為用這種方式掌控建案的財務，是很棒的點子，我只要求他們提前通知我。客戶親自施作不會占去總價的一大部分，而且對我來說，最重要的是控制時間，以及工程最後的木作——我親自施作的那一部分。

彼德森夫婦想自己去買樓梯。樓梯跟廚房對人們而言，似乎比其他東西都來得重要。

那是他們希望親力親為的一部分，這樣親朋好友來訪時，便能帶著他們參觀，並說我們是這樣或那樣找到這東西的，這是知名的A公司或B公司造的，像是Suldal、Hestnaes、Verona 或 Munich。樓梯是家裡的核心，你拾階而下，像是要去做點什麼，孩子們則在樓梯跑上跑下，在上頭攀爬玩耍。

我告訴他們，自己買樓梯大概省不了太多，而且往往會帶來麻煩。不過我無所謂，反正只需寄封信到樓梯工廠，謝謝他們為我報價，並解釋我無法跟他們訂購就成了。

彼德森夫婦此時提出的意見，他們可能已經考慮很久了，而且也許會放到簽約文件中。不過這是協商，必須用到戰術。我會先從容易的事項去談，然後難度逐漸增高，最具爭議的事最後才談。

現在是該亮出底牌的時候了。凱莉的父親在 Maxbo 建材公司上班，他們可以透過他，用合理的價格買到建材。這件事不太好辦。

我解釋說，為了保證施工品質，我得確保自己使用的材料品質。我的主要供應商是陶倫，我很清楚從他們那邊拿到的是什麼，萬一發生問題，也會很容易解決。而且陶倫會給我很好的折扣，讓我在投標時提供合理的標價。

約翰反駁說，凱莉父親給的價格，能幫他們省下一大筆錢。是因為性別角色的關係嗎？建材與錢的事，幾乎都是約翰代凱莉發言，但是要協助他們的人，畢竟是**她的**父親啊。我也很懷疑這位在建材業工作的父親，到底懂不懂這種安排對建築承包商來說，其實難以接受。

我解釋道，像這樣的建案，我估算出來的一般建材費，會在三萬克朗以內，那是我收入的一部分，但也會拿來支付訂購、運貨時的各種打點、瑕疵品的處理與退還等等。這件事懸宕了一會兒，直到約翰表示他能理解，並願意為我做某種程度的補償，因為人家給他們的價格實在太優惠了，他們很想善加利用。

我在工地的工作方式，以及與供應商的合作程序，是環環相扣的。我認識陶倫的司機們，很清楚吊運建材到閣樓裡，需要訂哪些車子。我跟自己慣用的零售商很熟，可以迅速找到所需的材料，當我必須親自去拿建材時，不必多花時間尋找。如此不僅節省時間，讓人安心，工程也能順利進行。

陶倫大都供貨給我們這種小包商，而且服務很不錯。感覺自在很重要，像 Maxbo 那種公事公辦的氣氛，令我覺得卑微又不安心，可是我又不能用這種話去反駁客戶。

我盡可能地擺低姿態解釋說，我不能同意這麼做。彼德森夫婦很難接受，因為錢固然重要，但他們還得面對家人——面對拒絕父親這檔事。老丈人大概是想盡一切力量幫助他女兒吧。

可惜這件事情我無法退讓。呃，如果那意味著失去這份工作的話，也許我還是會退讓，但我打算堅持立場。幸好客戶放棄了，可是接著約翰想到一個妙招。他說，由於他們無法從他岳父那邊購買材料，所以虧損的錢算是因我造成。他希望我能在總價上給個折扣，補償他們額外支付的費用。約翰不自覺地跟我砍價，想為自己的提議討點補償。他想減掉一萬克朗。這完全是約翰自己臨時想出來的主意；我從凱莉的表情可以看出她很不安。

我們討論的價錢不到總數的百分之一，就整件事而言，其實改變很小，但我不能辯說數字太小，他們不必計較這種小錢，因為同樣的話也可以套在我身上。我也不能反駁說，那樣一來，我的薪資就會少掉一萬克朗，因為他們可以說那是我的問題，而一萬克朗對他們來說也是不少錢。最後我只好表示，他們因為接受了我最初的標價，現在大家才會在這裡開會，我們必須遵守當初的標價。幸好他們放手了。

這次討論使我們的關係有了改變，大家開始變得比之前更為慎重。這是我第一次展現出在思索屋頂支撐、施工及客人喜好之外的一面。我也可以考慮自己了。雖然很不自在，在第一次會面時這麼做卻很重要，且十分恰當。我希望我們都確立了各自的立場。

我們同意按照原本的合約簽訂，只排除他們稍後可能親自施作的工作細節，以及他們若真的施工，要扣掉的工錢。為了對雙方都有保障，我們把未涵蓋在說明中的事項，做成合約附錄。

我們在九點前簽妥合約，然後握手達成交易。過程實在很累人，但現在我們已跨過線，可以著手建案，改裝施工了。建築許可的申請書已經寄出去，屋頂支架的改裝申請亦然。為了節省時間，我們取巧地在最後的合約簽定以前，就把文件送到營建處。我將在兩週內展開拆除工作，重新安排閣樓裡的儲存空間。

我在回家路上打電話給丹尼，告訴他一切終於搞定。丹尼跟我一樣是木匠，也自己開了公司。我們有空時會互相幫襯。

我們兩個人都很固執，討論時不輕易退讓，這點我比他稍微嚴重一點。丹尼有點討厭我的龜毛，因為我在沒弄清楚某種工法之前，永遠不會滿意。丹尼是寧可繼續工作，邊做邊解決問題的那種人，而我若不確定我們在做什麼，就會猶豫不前。丹尼的積極進取頗能平衡我的龜毛與力求甚解，推著兩人繼續前進。我們一次處理一件事，但做得非常徹底。等海格蒙斯路的閣樓如火如荼開工時，丹尼便可以與我並肩作戰了。

# 16

開工前的兩週倏忽即過，所有細項都得一一打點。

文書工作是小公司的災難，是吸耗時數與精力的黑洞。你投注的時間精力愈多，吸力似乎就愈強。現在我有時間整理今年的帳目、文件，並擬出接下來六個月的基本預算了。

我整理自己的儲藏間，檢查工具，清理上油，並修理鉛錘及插銷。我拿了鑽機和一把釘槍到 Motek 維修（我大部分的工具都是在那兒買的），並校準雷射水平器。

也可以說，我在整理我吃飯的傢伙。

我在網路上查了幾項與彼德森家改建工作相關的事宜，收集型錄，並核對我在建造期間會用到的技術說明，以及完工時該有的文件記錄。

我發明了一套自己的簡易照相記錄系統。我把任何施工過程拍攝的照片歸檔編號，並在必要之處附上簡單的圖說。這樣我便能簡易地遵循有圖解的指南了。這本指南會隨著我施作的工程而分量加倍，完工後我也可以複印一冊，送給客戶。照片與文件的結合，讓客戶清楚掌握工程的梗概，也能輕鬆理解。

如果你打算買房，最後挑上兩間類似的屋子，一間的施工有詳細記錄，另一間沒有，你一定會選擇施工清楚的那一棟。

其實也有做這種記錄的電腦軟體，但我喜歡用本人自創的簡易方法。我為海格蒙斯路的建案做了一份檔案，放入場勘時的照片，現在也記錄了工程開頭的部分。

我在埃奇拜（Ekeberg）幫泥作匠強納森打造的浴室裝門時，告訴他，我拿到托索夫的工作了，叫他把這個案子列入時間表。我希望他能盡早上工。那樣我們就可以先搞定拆牆時的飛灰和漏水問題，再開始其他需要仔細覆蓋的工項。如此一來，強納森能夠更有效率地工作，讓我們節省時間以及保護建材的耗材。

約翰答應聯絡蓋特（Get）有線電視、網路公司及電話公司的人，閣樓的這兩種纜線都得重牽。電纜附在天花板上，沿著要拆除的儲藏間拉過來。請電視及電話公司的人來移除電纜，有時還挺讓人頭疼的。他們這些搞資訊技術的人，似乎完全不懂得溝通。我跟約翰強調，必須馬上與他們聯絡。約翰雖然有些疑慮，還是保證會去聯繫。

愛芭將閣樓的工程排進她的時間表了。有個傢伙會過來安裝所有的電子設備，愛芭跟我說，只需幾天前通知他們就成了。這個建案有許多纜線得在改建初期就重牽。地板會掀掉，而樓下公寓的導電零件是沿著托梁牽設的。有一些需要移開，因為安裝樓梯的洞口必須加大，而且還要鋪設新的配線管道，好安裝閣樓的新插座。

現場的建材得擺放好，以免妨礙施工。有些材料會放到閣樓中尚未改裝的區塊，那裡有儲藏間及一些空出來的地板。我借了一個儲藏空間擺放工具等物品。此外，也按照依重要順序寫好的清單，決定跟陶倫訂購的第一批材料內容。我打算盡可能地進貨，所以到時空間會很擠。

我在平面圖上寫好不同材料擺放的位置，確定有足夠的空間放置所有運上來的東西。我把訂單寄給陶倫，訂了車子和吊車。我也會用吊車把廢料卸下去。所有垃圾都得在拆除後，整齊地擺到閣樓裡，如此才能快速地運下樓。木材廢料直接送入廢料桶，一袋袋的泥土、膠料和石子也是。所有東西都有效地區分開來。較少量的垃圾，我則會收集起來，放進小貨車，自己開車去廢料場丟。

丹尼正在把手邊的工作收尾，等閣樓的工程開始後，就會加入我。我們照例等他的小孩上床睡覺後，在晚上碰面，看製圖和說明。讓丹尼瞭解建案內容很重要，這樣等他真的現身時，會有更萬全的準備，就像擺放一段時間的起司，口感更醇。這個建案會在他心中發酵，他無需積極多想，但慢慢會對建案有感覺。

我們把各平面圖及規格說明走過一遍，一邊列下需要記得的事項。另外，還擬了一份我們稱為「N.B.」的單子，包括特別重要的物件，有些很容易忽略或忘記。我已經擬了一張清單，但我們另外又擬出一份新的，兩相比較。我的可能會把我們的想法侷限在某個方向；從頭來過，比較容易看出我疏漏的事項。在整個施工過程，我們都會帶著這份清單，完成的事項便畫掉，然後加上冒出來的新事項。這是我們最重要的檢查清單。

# 17

在吊車運進或吊出任何東西之前，我在閣樓裡得先拚命工作一整個星期。合作公寓委員會同意讓我遷移一些儲存間，並拆除其他幾間。現在是營建部門規定的開工日期的前一週；我必須保證，萬一合作公寓委員會反對，我得把儲藏間恢復原狀。在同樣的條件下，我已經獲准拆除地板。我可以理解自己必須提出保證，而他們也必須讓我開工。這些天我原本不必工作，但現在得上工了，而且完工期限之後，也多出額外一週的工作。

要接下這樣的案子，工匠必須取得地方或國家級的官方認可，工匠用車上所寫的「認可包商」，就是指這個意思。我沒有中央機構的認證，所以每個需要認可的案子，都必須取得地方機關的同意。但地方政府的認可從來不是問題，因為我有工匠師傅的證照、豐富的經驗，以及之前用我的名義包下的許多案子。

中央機構的認可其實是參與投標的條件，但我說服客戶，我會取得地方層級的認可，他們便准許我參加競標了。我們現在等的就是這份認可及開工許可。一般的批准已經下來，所以一切不會有問題，不過現在就開始拆除，還是有一點風險。

約翰被有線電視跟電信公司的人搞得七葷八素，所以現場還有很多礙手礙腳的纜線。我小心地將這些纜線解開，暫時湊合著將它們掛起來。然後，我把儲藏室的牆壁切割成適度的大小，就像積木套件一樣，之後再組合起來，放到新的儲藏空間裡。我畫上標記、丈量，然後切割。

約翰通知我說，有些住戶對他們的新儲藏室不甚滿意。新儲藏室按照要求的標準打造，會遵守規定的最小尺寸。我並不打算把儲藏室造得太小，我得記住規定的最低高度是一百九十公分，而且儲藏室必須設計得合理，讓住戶能儲放、取用他們的物品，同時還得把柱子、管子、煙囪、支柱及繫筋考慮進去。

建築師的繪圖不是很精確，也就是說，實際打造儲藏室時，才比較容易調整。我在地板上畫出新的儲藏空間，以便檢查一比一的丈量比例和實際尺寸。如此一來，我將舊儲藏室牆壁切割的套件就會是正確的，而且容易重組。

拆除儲藏室之前，我得先清空裡頭的物品。閣樓裡到處都是東西，一堆堆多少還能用的家具、雜物、紀念品和家裡的廚具。有些住戶趁機把他們再也用不到的物品整理掉，有些人則乾脆一切移走，不管是什麼。

我因此瞥見了人們的生活——他們是否喜愛囤積，擁有何種品味或所謂的美感。我可以從那些物品判斷，猜測他們的年齡、從事或曾經從事何種職業。我幫一位體弱的住戶清空他的儲藏室；這對我也有好處，因為我可以提早開始施工。

有些住戶突然找到可以上閣樓的藉口，因為他們的物品現在被擺到儲藏室薄牆外的地板上，不管我覺得這些東西有多麼無足輕重，它們既然重見天日，便得妥善處理。原本的儲藏室一直用小鎖頭鎖著，拿槌子一敲就能敲開，裡面儲放多年的物品現在卻被當成了脆弱的寶貝。

其他住戶給我看照片及他們多年未見的物品，並告訴我這些物品的故事，然後才收拾好，放到黑暗中再待一段時日。這些閣樓的探訪是令人愉悅的。

當儲藏室完成、重新裝滿時，我在儲藏室四周蓋上塑膠布，以杜絕未來幾個月的灰塵。我要改裝的閣樓區塊，現在已經空出來了，但我還沒準備把材料運進來。我拆掉厚木板，拔掉所有需要除掉的釘子，拆除燈具，移走可能有一百年的電線。我拆除了晾衣繩和懸掛繩子的螺旋環。地板也得拆，所有托梁間的舊黏土必須挖掉，放到袋子裡。我有一種強烈的開工感，也真切感受到開工的灰煙瘴氣。

從外面屋頂板子上穿透過來的釘子相當危險。我在專心處理其他事情時，常會忘記這一點，因為得四處走動，頭皮和額頭會被沒留意到的釘子割破，痛得我要命。上幾回改裝閣樓時，我用手提電鋸把這些釘子砍掉。那樣比較好，免得頭被割傷很痛，萬一被割多了，就像跟人幹過架似的。我頂著一頭短髮和整頭的血疤，看起來真的不怎麼迷人。

人家常告訴我，這時應該去急診室打一針，但只要不是污水管的排泄物或傷口裡有沙土，我還有別的事要忙。我迄今尚未因此感染破傷風或敗血症。如果我費時間去擔心受傷的事，就會把每個工作日搞得緊張兮兮。大家會那麼擔心傷口和疼痛，也許是因為很少暴露在受傷的風險下吧。我倒不是喜歡割傷和流血，只是那是這份工作中相當自然的一部分。

我可以戴頭盔，但那只會讓我的頭變得更大，在狹窄的空間裡工作更容易撞到東西，例如陡斜的天花板下方。我選擇不戴頭盔，反正受傷也只是皮肉傷。棒球帽便足以保護，擋掉大部分的小割傷了。

更大的傷口或更嚴重的傷害，則完全是另一回事。光想到我離意外事故如此之近，便令我想吐。我有幾次失控，離桌上型電鋸僅差分毫，嚇到不得不坐下來大口吐氣。我雙手發顫，渾身不聽使喚，努力思索事情是怎麼發生的。

是我累了嗎？我的心思沒放在工作上嗎？我是不是思慮過多？工作場地太過凌亂？有時我會離開現場，去喝杯咖啡，讀一陣子書報，做點與工作無關的事。這是個不錯的點子。

我的手，是直接與建材接觸的工具，也碰觸其他施工的用品。我在拆除地板時會戴手套，但在施作一般木作時，寧可光著手，因此會造成許多小割傷和刮傷。幸好現在能買到的新式手套比以前我們用的好使很多，這個行當裡的年輕人，顯然更習慣戴著手套工作。

我一向把指甲剪得很短，以免小刺之類的東西會刺入指甲內。有時小刺拔不出來，我會等發炎得差不多了，再把手泡到加了綠皂（譯註：一種治皮膚病的軟皂）的溫水中，然後用針和鑷子拔出小刺。我的中指裡有一根兩年前的小刺，被封在指甲裡，變成一塊突起。小刺並不痛，也許將來有一天會自己消失。

地板的木頭為了裝進廢料桶中，長度得切短。我有一組不同的拆除工具，還動用了一把圓鋸。我把地板拆了，將木板擱到不會妨礙其他準備工作的地方。

像這種舊式公寓大樓的地板，托梁間會有一層底層地板，上面鋪上黏土做隔層。我挖掉了新樓梯的預定位置，以及將來要放管子、通風管處的黏土。剩下的黏土則原封不動，留下來做隔層用，也許這些黏土會與建物一樣長存。像這種拆除日收工後，我在淋浴時擤鼻子，都會擤出灰黑色的鼻涕。等熱氣蒸騰的沖澡軟化我鼻子裡的塵土後，常能擤出一些恐怖的結塊。防塵罩雖有幫助，卻不是絕對密封。

一百三十年前的工人在把黏土帶上樓時，得攀爬架在每層樓之間的斜板。斜板上設有間距適中的橫檔，讓他們負重而行。我以前在其他建案中，曾背過許多這種黏土走下樓，我很難想像前人的艱辛。奧斯陸在大興土木時期使用大量的黏土，公寓一棟棟經年累月地蓋了起來。

我在樓下廚房吃午飯，未來幾週也會持續這麼做。在陌生的環境裡感覺很奇怪，令人頗不自在，尤其是此刻煙塵漫天飛舞時，但我總得有個地方吃飯吧，這也是事先說好的。灰塵會慢慢變少，彼德森一家也會適應家裡的廚房變成工匠的食堂，不久的將來，我會覺得放鬆許多。我自己帶了毛巾掛到浴室裡，多少能減輕他們被侵擾的感覺。

今天是大日子的前一天：明天建材就會送來了。我昨天已開始到外頭街上用警示帶圈出一個區塊，留給吊車及廢料桶使用。我拿出去的三角凳，是用我拆下來、清理過的木板製成，上面用紅色跟黃色的警示帶裝飾。等街邊的車子陸續開走後，我便把標示的範圍擴大，我得把握時間，趁機取得我需要的空地。兩個廢料桶和一輛吊車會占去很多空間。我一直在注意街上來來往往的動靜，發現車子不會在街邊停靠太久。有輛車子好像不太常開，我在擋風玻璃上貼了張字條。那是一星期前的事了，昨天那輛車終於開走。有的時候，我被迫打電話給車主，詢問他們能否移車，可是這次沒那個必要。

為了把建材搬進來，我在屋頂打了個洞，將來窗子就裝在那裡。洞口比窗子所需的空間大，而且會保留到最後一批建材運進來為止。我用透明塑膠布封住洞口，讓天光透進來。要把這樣的洞口完全封妥，必要時還能打開後再封上，需要一定程度的經驗。萬一沒弄好，下豪雨時，我會輾轉反側。當風雨吹颳我在托允的房子時，還要擔憂著城市另一處的工程是否覆蓋妥善。想到客戶會在週五晚上十點鐘打電話來，告訴我雨水滲入下面的公寓，我就徹夜難眠。所以我會考慮周全，仔細將洞口封好。

洞口下面做過強化處理，所以我們可以讓吊上來的建材靠在洞口。我在屋裡地板上做了一個堅固的三角凳，讓拉進閣樓裡的建材能安穩地放下來。

我們會有一批批的長木條、沉重的灰泥板，以及各種需要從洞口吊進來的材料。之後，我們會把建材搬到閣樓內的儲放區域。我想到一個點子，明天再看看其他人是否覺得這辦法不錯。

# 18

一月底到了，從約翰．彼德森初次跟我聯絡後，已經將近三個月。昨天我們收到開工許可。萬一政府沒批准，我就得把租用吊車的時間往後延；不過我若沒有把握一切能循序進行，就不會去購買這麼多建材了。

我沒有要求客戶付押金，而是隨著工程進度開立費用清單，通常是每十四天或每個月開一次，看購買建材的狀況及完成多少工作而定；也就是成品的價錢，包含小包商施工的工時。

搬運當天，我們大夥卯足了勁。丹尼、奧勒和巴德早上八點鐘準時報到，丹尼經驗足，可以在任何地點處理任何事。他工作時最重視安全，這在處理沉重的建材、閣樓的窄口，以及要監看的各種物品時，格外重要。

奧勒和巴德算是某間拆除公司的終身雇員。他們很瞭解自己的行當，但做事有點馬虎。兩人是內城人，不宿醉的話，算是相當幹練。巴德在一隻手的幾個指節上刺了bull四個字母，另一隻手上刺的是shit，這樣你對他應該有點概念了吧。他們倆今天心情不錯，這是好現象，也很必要。我把話講得很白，每個人都得小心、機敏點，否則會有風險。

過去這些年，我被可能會出現的危機磨得比較敏感了。至於是年紀大了，焦慮感跟著增加，還是因為工作經驗老到，能輕易瞧出潛在的危險，就很難說了。或許二者皆有吧。

當我獨自工作，例如使用鋸子時，出意外的風險，跟舉吊物品時旁邊圍著一群人，是不一樣的。其中一項差別就是，一個人工作時，發生的事只會影響自己，不至於波及別人。另一項差別是，人愈多，發生意外的機會就愈大，何況我們搬舉的都是些懸吊在空中的重物，因此後果不堪設想。

幾年前，我在奧斯陸北邊的桑德歐森區（Søndre Åsen）把建材吊進某間閣樓時，差點從屋頂摔到十三、四公尺下的人行道上。施工的公寓屋頂還算平坦，大約呈十度角，而且覆著鋅板，可當時正值冬天，染霜的金屬滑得跟冰一樣。

我原本打造了一片臨時用的平台加欄杆，一開始運吊時還算安全，但雇來的吊車司機不是在打瞌睡就是太過輕忽，沒專心注意發生什麼事。我站在交叉固定在屋頂的厚木板上，指揮並接收放在吊貨網內的隔絕材料，這時網子鉤到我所站的平台，操作的司機卻未留意。整個平台被吊起來，我的懼高症飆到破表，心想這下子得躍入空中、緊緊抓住網子，才不會掉在底下街道摔成泥。司機在最後一刻發現出了事，停止吊貨。他輕輕把平台放下來，我爬進屋中，渾身顫抖，像秋葉般癱軟在閣樓地板上。等我好不容易站起來，便倒了杯咖啡，下樓去跟司機談話。那天接下來，他再也不敢大意了。

等我回到屋頂時，我戴上了頭盔，並在煙囪上綁了條繩子，多做一道安全防護，其實我早該這麼做了。我錯不該以為欄杆夠安全。那次經驗，我光是回想都覺得害怕。

像那樣的意外，使我在參與危險工作時變得更加果決，學會信任自己的判斷，且不會羞於表達。

健康安全處（The Health and Safety Executive）一定會說，我們不該在危險的條件下工作，可是工作本身就附帶著危險，尤其是在有高度的地點工作，以及搬運沉重的貨物時。危險是相對的詞，意外總是難免，我們只能盡力避免，並侷限危險發生的機會。我的老東家以前總說，意外絕非仔細籌畫來的，即使小心翼翼，也會發生，但謹慎些總是有幫助。

由我負責時，絕不能出事；那是每份工作中首要之事，也是我心思所據。假若工地中有未經訓練的人或新手，即使他們只是來看看，我也會特別留意。別人會覺得我吹毛求疵很麻煩，但我絕對無法確認底線在哪裡：何時該挑剔、他們知道自己何時在做什麼。何況，許多人認為自己掌控得很好，是因為他們壓根沒意識到有危險。

今天不許有人從屋頂上摔下來，那是第一條守則。今天不許有任何人被壓扁或遇到任何危險，那也是第一守則。我們大夥開工前，聚在人行道上喝咖啡小聊，我告訴大家，最重要的就是大夥彼此照看。

廢料桶送到了。陶倫建材的司機史文依約在上午八點半把建材運到，我們核對過裝箱單與訂單。

一切都很好，可惜窗戶未包含在這次的運貨單裡。我們有五扇窗，加上窗子的包裝，大概得跑十五至二十趟才能運上閣樓。窗子很重，每一扇都得動用兩個人去扛。不管了，反正我們會想辦法，這不算天大的問題，我只是以為他們會把窗子運來。如果我們得用雙腿爬樓梯，那就這麼辦吧。

吊貨期間，我們會用無線電彼此聯絡，史文和我約好通話用的簡訊意涵。他會在街上監看公寓，我則站在閣樓裡朝反方向看，因此所謂的「左右」方向，會變得很混淆，但「上與下」不會是問題。我們也同意時間充裕，不需要趕工。萬一出現任何不確定，就停下來說清楚，講好怎麼做。

當貨物透過洞口垂降而下時，空間其實很少。貨物吊在空中時，沒有人能站在正下方，因為吊貨若左右晃得太厲害或是撞到任何東西，都可能很危險。所有事項都必須仔細、冷靜、妥善控制地完成，那是天字第一號守則。

我很少指揮吊車，史文這方面比我經驗豐富，幸好他很有耐性。

我們開始了。一批吊貨送進來，廢料運出去。一批吊貨進來，廢料出去。吊車手臂從不會閒著。

廢料桶在午餐後會收走，不能裝著廢料一直放著，否則不久便會裝滿來自周遭住家的垃圾。附近的人只要看到廢料桶，就會拿它當藉口，開始整理家裡，把東西清出來。可是裝了分類木料的廢料桶若被人扔進電視或塑膠垃圾，處理費就會倍增，因為那樣就不算分過類了。有一個廢料桶是裝未經處理的廢木，一個裝泥土和石子。所有裝袋的黏土都得割開袋子，倒入桶內。塑膠類會被放到一旁，稍後載到垃圾場。只要垃圾從一開始便依照原材料分類，從拆除時就分類，那麼回收一點都不費時。一切反倒井然有序，進而節省時間。

史文親自在綑包上綁縛帶，巴德、奧勒和丹尼輪流跑下樓，將我們送下去的東西鬆綁，放進廢料桶裡，再回來幫忙把建材擺到要用的地方。他們還幫史文打包要放進吊網的物品，包括工具、隔絕材料、接合材料、黏著劑等。大夥一整天就這麼上上下下。

最辛苦的差事，就是把所有東西搬到閣樓裡該擺的地方，地板要用的木片、防火牆要用的石膏板、一批批沉重的木材，二乘八的，二乘九的。一堆二乘四及其他各種大小木料。我們把膠合板的椽木放到繫梁頂上，雖然很重，我們四人還是合力把板子給抬了上去。

地板的隔絕材料擺到我之前囤在繫梁對面的厚木板上，也就是將來閣樓儲藏室的位置。工具和附屬材料放在儲藏室，天窗跟相關的配件則還未送到。

小閣樓中，物件擺放的方式，按工作順序、哪個建材何時需要用到、堆放的材料重量，以及它們占去多少空間而定。

我們一整天把東西抬上抬下，裝卸不停。我們馬不停蹄地工作，只有吃飯時才休息。工作雖然繁重，但是看到大批建材慢慢聚集起來，感覺挺爽的。

史文吊起最後一批建材，有沉重的木料，主要是二乘八的木板。這些是我會最先使用的材料，所以放到地板中央。

史文把吊車收回卡車上。其他人將最後一批建材拉進來。我下樓跟史文小聊一下，謝謝他這一週的辛勞。

我對別人最高的讚譽之一，就是我們曾一起辛苦地扛過重物，我是字字真心。扛著重物的一端，並覺知另一個人的動向，感受他從物件彼端傳來的動作，本身就是一種奇特的經驗。我可以知道對方是否擅長搬運，是否有顧慮到我，或只想到自己搬負的重量，而且我可以感覺到他們何時疲累。疲倦會反映在他們的步伐和欠缺精準的動作上，或是透過沉默表達出來。任何能搬重物的人，都該偶爾跟別人合力搬點東西，那是一種瞭解對方的絕佳方式。

就身體而言，抬舉並不複雜，因為你會直接感受到重量、公斤數。搬運時，你不會對周遭的狀況想太多，因為那與當下無關。重要的是要記住，所有人對「沉重」的感覺不同，一起搬運時，我們不能扛抬力氣最弱者所能負荷的重量，兩人是一體的。

另一種狀況是數人合力抬起某個極為沉重的物件，例如四個人抬一條脊梁。這時你的命就在每個人的手裡，萬一有人鬆手，另一個人便可能受傷。整個過程中一直會有些評語、訊息及調整。我們得彼此交談。如果停止交談，便可能出錯，這時便不得不同時歇手。好吧，等一等，停，抬高一點，咱們休息一下。

搬運期間若逮到機會，一切控制得穩穩當當時，就會有人講點笑話；人在有些緊繃、從事體力活時，特別容易發笑。我們會有默契：如果我做這個，那麼你就做那個。我們先把東西這樣抬進來，轉過去，然後讓東西通過。現在東西搬到位了，太棒了，幹得漂亮！

這天相當順利，很純粹的苦工，加上裝貨、卸貨、整理組織好，把每件東西放到該有的位置。我們很努力工作，現在可以清理最後一批建材，然後我就能把屋頂的洞口封妥了。

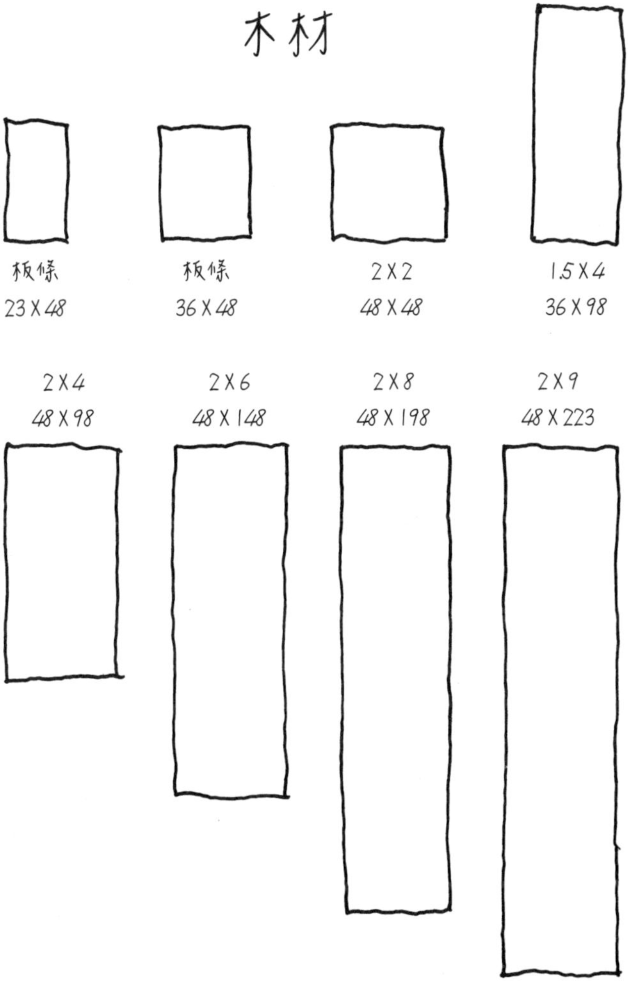
木材
板條
23 X 48
板條
36 X 48
2 X 2
48 X 48
1.5 X 4
36 X 98
2 X 4
48 X 98
2 X 6
48 X 148
2 X 8
48 X 198
2 X 9
48 X 223

我事前已做好所有準備，不會太費時。今天的費用，包括完成的工作、吊車租金及建材，一共十四萬克朗。運上來的建材就像輸血一樣地流進了閣樓。以後會更有意思。

我們關掉所有東西，一起穿著工作服離開，朝酒吧前進。

# 19

猶翰與思諾坐在泰迪酒吧吧台的一端，兩人旁邊有兩張空的高腳凳。我們開著玩笑，說誰該去坐，最後奧勒和我坐下來。丹尼從附近抓來一張椅子，巴德則是站著。這裡不是很擠，但周圍有一些人。時間愈晚，酒吧便愈擠，我們得挑對時間來。

猶翰與思諾跟其他人沒那麼熟，但每個人都很好相處，大夥很快就打成一片。我們喝著啤酒，開心得很，一陣子之後，大家都找到座位了。吧台員工換了班，英格與卡拉接手夜班的工作。

大夥聊著音樂，猶翰和思諾要去老城區聽「哈倫城市狂歡會」（Harlan City Jamboree）和「垮掉的龍捲風」（Beat Tornados）的現場演唱。

大家都認同垮掉的龍捲風是個很不錯的衝浪音樂樂團，丹尼和我很想去，但我們還穿著工作服，而且在泰迪混完後便要回家了。我則批評說哈倫城市狂歡會是狗屁，此話一出沒完沒了。奧勒與我看法一致，大夥你一句我一句。丹尼試圖說服我們，這時有人戳著我的肩膀。

我剛才跑去抽菸回來後，便站在大夥旁邊。我回頭看到幾個月前那個批評思諾工作服、自己卻乖乖穿上班服的傢伙。他認出我們，問我是否也是工匠。看我這身打扮，並不難猜。

他下班後又跑來喝啤酒了，可是現在他心裡有事，跑來找我聊天，絕非出於偶然。他說營建業的外勞超不稱職，諷刺的是，丹麥人思諾就坐在我旁邊。這麼明顯的事，我根本懶得點出來。

那位老兄告訴我，他剛找了工匠到他家改裝跟裝潢。原來他想談的是這個。他說問題接踵而至，家裡一團亂，工人該出現時，老是放他鴿子云云。這不是我第一次在酒吧聽人吐這種苦水了。

「好了，好了。」我打斷他說：「我現在已經下班了，而且我又不在消基會上班。」

「我知道，但還是忍不住要說。」他不肯罷休，又吐了更多細節，舉出更多例子，說明這些工匠有多麼愚蠢無用。

「所以這些人是哪兒來的？你當時去哪裡找到他們？」

「那是一間挪威公司，反正公司名稱是挪威文，來上工的卻是兩名波蘭人。」

「你是怎麼找到這間公司？」

他透過網路服務，以及認識的人的建議，找到了他們。他告訴我，他找來八間公司，而且他並沒有挑最便宜的。

「你不覺得找八間公司估價有點太多嗎？」我問。

「不會啊，是他們自願來幫我估價的。」

那一點他倒是說對了，他們是自己來的，沒人逼他們，他們都是成年人了。

「我能問問有多便宜嗎？估價是多少？」

「連稅三萬五千克朗打死。」

「你查過他們的介紹人嗎？」

他挑的公司是認識的人推薦的。他收到一份介紹人名單，可是都沒去檢查，因為工程不大。

「好吧，工程用時數或天數算的話，有多久？」

「他們花了一個星期。」

「所以你並不知道他們用了多少個鐘點，只知道兩個人做了一個星期，可以算一百個鐘頭嗎？」

「可以吧，聽起來好像是。」

我累了，懶得虛應，便尿遁到廁所。我在廁所快速將他的話算了一下。等我回來時，他還在吧台邊，這會兒正在跟思諾講外國工人的事。

「你知道嗎，你說的事挺有意思的。我跟你說說我的想法吧。」我表示：「我的意思是，如果你想聽的話？我會老實把我的意見告訴你，但你要承受得住才行。」

「沒問題，任何誠實的意見，我都能聽。」他說。

這下他不能後悔了，在酒吧裡可不能龜縮。畢竟話頭是他起的，而且他說過他可以承受，所以我大可不客氣地直說了。我沒真的計算完畢，但已經開了頭，而且我的心算還行。現在我有了紙筆，便將紙筆放到吧台上。

「好吧，所以你要求派八個人到你家，去做一份不含稅、工資為兩萬六克朗的活，等建材買來，他們大概只剩兩萬一克朗，要付一百個小時的純工資，加上六小時勘察工地及計算標價的時間。

「你邀請八家公司來投標，所以他們只有八分之一的得標機會。換言之，如果每位客戶都那麼做，這些公司平均得投八次標，才能得到一份差事。他們需要涵蓋準備投標的時間，也就是四十八小時。你跟得上我說的話嗎？」

他點點頭，我往下繼續講。

「施工要一百個鐘頭，加上四十八小時的勘察時間。

「老闆會希望拿到場勘、後續工作及其他花費的錢。假設他很老實，時薪收兩百克朗，他自己的工時五十五小時，再加收一點涵蓋工具、車資及其他費用的錢，那樣很快就會加到一萬四千克朗了。」

我問他是否認為以這種算法，老闆收費不當。他並不覺得。

「所以，那樣只剩下七千克朗可付給那些到你家油漆的爛工人了。那樣的話，時薪是七十克朗，包括假日工資。」

整個過程，我語氣平和，無須停下來思考，只有在紙上做幾個簡單的加總時，稍事停頓。顯然演練得很熟了，但無所謂。

「一小時七十克朗在波蘭或許算高價，是吧？」我問，但沒等他回答。

「但是在這裡很低薪，應該說是廉價，不是嗎？」

他老兄沒吱聲，但我看得出他不高興了。

「我只是跟你說說罷了，你沒必要生氣。」他說。

「是的，我沒必要生氣。」

我並沒有表現出不悅的樣子。或許我很難搞，但那得看你是問誰的意見，而且我的話還沒說完。

「但你跟那一大群貪婪而自命不凡的人有何不同，只要一逮著機會，就來個社會傾銷（social dumping，譯註：高工資的工業化國家進口相對低廉的外國產品），好讓你跑到我坐的這間酒吧，告訴我，波蘭工人有多麼不稱職。

「而且你那種不屑的決絕語氣，擺明了你認為我不像他們，我比他們優越，好像這樣就能讓我開心是嗎？

「人家說，一分錢一分貨，我想是有道理的。你跟那些工匠之間的任何問題，都只能怪自己。我的話你若覺得不中聽，也無所謂，我們好端端坐在這裡，是你自己來找我的，所以就某種程度而言，你是自找的。」

談話結束了，氣氛比一開始還要僵。他也許有些訝異，但我可沒有。

他跟別人沒兩樣，大家都習慣用這種方式去支使工匠、清潔工或洗車工人。客戶就是普通人，就像酒吧裡的這位仁兄。我不在乎他們是誰，我更在乎的是做這份工作的人，因為可能是我。

丹尼回家了，猶翰與思諾前進老城區，我留下來又跟奧勒及巴德喝了杯啤酒，才拖著步子，沿葛朗萊斯路（Grønlandsleiret）回家。

接下來的週末沒什麼事，我做了一些會計工作、休息，然後從布猶維佳（Bjørvika）走到維皮塘恩（Vippetangen），沿著峽灣漫步。

# 20

星期一早上，我去敲彼德森家的門，闖進忙著上班、上幼稚園的一家人之中。固定在一週之始與他們見面，是個很好的點子，這樣他們便會明白，我在過完週末後又回來工作了。凱莉和約翰在週五過後，曾上樓看了一下，很訝異我們竟然搬進那麼多的建材。我一直跟他們談到，要把閣樓的可用空間最大化，這下子他們明白原因了。詹斯和費迪克十分好奇，興味十足地偷瞄我，但什麼都沒說。他們穿好鞋子和冬衣，我們便各自分開了。

我希望閣樓裡有光、有窗子，等這些裝好後，工作起來會更順手愉快。冬天天氣太陰，天光非常珍貴。我先做測量，然後標出窗戶的位置。窗子必須開在樓下窗戶的正上方，營建當局嚴格要求這一點。一直到一九九〇年代末，許多這類型的公寓建物增建與改裝的窗戶、天窗及屋頂陽台，都是隨便蓋在屋頂上，端看椽木的位置在哪裡，並不會考慮到建物的正面。政府希望遏止這種亂象，便祭出嚴法，確保窗戶位置按圖施工，而不是順著支撐結構亂蓋一氣。許多案子中已蓋好的窗子，甚至是天窗，都必須拆除，重新安裝到正確的位置上。

幸好這間閣樓僅有一條擋到窗戶的椽木必須拆除。屋頂要施作的工程這麼多，添上這一項並不算什麼。

我先是切除現有屋頂結構中必須拆除的部分，以便騰出空間，安裝我要製造的新物件。屋頂不能被削弱太多，因此我逐步切去支撐椽木的檁條（purlin），打造留給窗戶的空間。新窗戶的邊緣，會裝上新的椽木做強化。屋頂的蓋板或瓦屋下的木襯板（sheathing）則保留下來，屋頂才能原封不動地密封著。

窗戶從陶倫運來了，星期二晚上，丹尼幫我把窗子搬上樓。他自己的工作還很多，但必要時會過來幫忙。我們明天會在屋頂的蓋板上打洞，把窗子裝上去。屋頂窗戶的安裝，包括把玻璃框及玻璃一起安裝到窗框裡。窗框和窗玻璃相當沉重，一個人雖然也能完成，但一點都不好玩，最好還是兩人合力搬運。

星期三早上，我開車去拿幾件物品，最後來到Motek。他們的無線電鑽正在特惠，我一直想買一把，另外還有一些可能很好用的建築板模螺絲，因此我開著小貨車去，沒叫店家把貨運到海格蒙斯路。最後我決定不買鑽子了，我手邊的這一把還能暫時頂用。

我一向開著收音機，不管在貨車上還是工地裡都一樣，否則工作起來太寂寞了。我負責的工地裡，幾乎完全禁放商業電台的節目。我無法忍受商業電台的喧嘩興奮，他們的節目讓一切聽起來像個巨串的形容詞。我的這一點堅持，引發其他工匠的抗議，偶爾也必須讓步，但我還是會力爭一番。聽一整天P.4這樣的私人電台會很膩，所以我都聽N.R.K.P.1.這一類的公共台。早上我會聽最新的路況報導、新聞頭條，氣象預報最為重要。今天下雪颳風，天氣非常寒冷。等我們站在離地十五公尺高的窗口安裝窗框時，一定會注意到，因為風雪會直接撲向我們。

P.1電台的人正在討論天候狀況拖緩了交通時間，路上發生幾起小擦撞，克洛夫塔（Kløfta）旁的E6公路上有嚴重車禍，南向道路會封閉一條車道。等他們跟平時一樣，警告大家行車小心，叮嚀一番，像在為開車的人禱告後，接著又播出最新的氣象報告。

他們討論天氣時，用那種早晨微風輕揚的語氣，到底是啥意思？除了交通和路況壅塞外，天氣報告幾乎完全跟休閒掛鉤。除了清晨五點四十五分的海象預報，以及淺水漁場的狀況外，天氣報告鮮少與工作相連，只有在特定時間，如水災或乾旱時例外，但也沒法跟從前的氣象報告相比。以前，天氣對工作的影響是非常重要的。海上的漁夫、農人，還有木工，這些無法選擇何時待在戶外的職工，已不再是大家討論天氣時的一部分了。天氣預報成了一種與戶外休閒相關的東西，由下雪的厚度、滑雪道的狀況或陽光與日光浴的氣溫來定義。

早上的靈修禱詞與商業電台的內容相去並不遠，只是語氣更加平靜輕柔，不是P. 4台那種過度興奮高亢的聲音，所以等靈修內容一開始，我就轉台了。奇怪的是，輕柔的聲音竟然也會讓人覺得疲勞轟炸。

在來來回回轉換不同的節目和頻道後，通常最後我會聽 N.R.K. 國家廣播電台。當我全心投入工作時，就沒去聽廣播在播什麼，也就忘記換頻道了。我可以理解，我大部分的同事會有點受不了用薩米語播報的節目時段，我個人卻覺得這種轉換挺不錯，背景飄著我完全聽不懂的語言，僅有無意義的聲音與文字。

P. 2台的「阿貝爾之塔」（Tower of Abel）很屌，我可以拿著鐵橇一邊拆除，一邊聽他們討論杯子裡的咖啡為什麼比玻璃杯裡的啤酒更容易噴濺。我若沒記錯的話，應該跟泡沫有關，還有啤酒裡的氣泡。我邊練習物理學施工、邊上科學課，邊工作、邊學習。

到了下午，我通常會聽P13的「賴森太太」，主持人凱莉．史拉茨維恩（Kari Slaatsveien）竟能年復一年製作出這麼好的廣播節目，實在令人讚嘆。有時我得停下工作仔細聆聽；從她一九九〇年代初與人共同主持「Irma 1000」開始，我就一直收聽她的節目了。也許哪天我該給她寄張費用清單，請她支付那些非預期的營業損失。

準備工作既已周全，安裝窗戶其實不會太費時，我們加了一點班，把四扇窗子都裝好。接下來兩天，我把外頭的屋頂防雨板釘好，並裁好屋頂的石板。這個工作可以站在外邊的梯子上做，但我身上繫了繩索，安穩地連接到室內。天氣十分乾冷，因此我不需要擔心漏水的問題。

到了下週，冬陽就可以照進閣樓裡了。春天的暖意尚且遙遠，但早上八到九點間已開始出太陽，春天已逐漸挨近。

# 21

「大家早。」週一，又是新的一週，我跟彼德森一家打招呼說。

他們不確定浴室天花板要弄成什麼樣子，我帶了幾個白楊木的企口板樣品（tongue and groove planks）給他們看。在最後一批建材吊上來之前，他們還有很多時間可以決定。

本週有很多重型建材的施作，要上下攀爬梯子及鷹架，會很過癮，但也很緊繃而辛苦。

一般的木條長度可達五・三公尺，但椽木幾乎長達六公尺。我訂了特長的二乘九木條，所以就不必做接合了。這些木條每根重約三十公斤，要精準擺放時，顯得異常笨重，因此我打造出「第三隻手」，以便獨力施工。

第三隻手是一種我用木頭製成的裝備，用以支撐固定你想組裝的東西，就像獲得了額外的協助——這是我在幹木工時很愛用的說法。製造第三隻手，就像打造一位朋友，像詹姆・史都華（James Stewart）的電影《我的朋友叫哈維》（*Harvey*，譯註：一九五〇年的電影，講述一個人和他最好的朋友——一隻六英尺高、看不見的兔子的故事）。有了第三隻手的幫忙，我毫不費力地把長長的椽木擺好了。

我用雷射測量器衡量，調整安裝三根二乘九木條需要的長度，然後切割厚木，抬到定點，再依樣切割另一段放到對邊當椽木的厚木條。這些椽木會在頂端交叉，用螺絲拴在一起，形成桁架。我檢查它們安裝的狀況，測量哪裡不夠精確，然後把最初這兩條椽木的長度，標示到木料中另一根二乘九上，並按測出的失誤做調整，下一根椽木會裝得更準確。

桁架連結得愈扎實，建物就愈堅固，而且這種工作方式比較輕鬆快速。我不必先把沉重的建材搬上去，再拿下來調整安裝，而且我可以站在地板上，舒服、安全地測量、裁切材料。二乘九的木料重量變化很大，依木料密度，差異可達近兩倍。第一對椽木，我選擇兩根輕質的木條，以免陷入苦戰。

所有擺在一起的二乘九木條都上過膠，釘牢了。我在其中一面塗上適量的膠水，將兩塊木頭緊緊用螺絲拴在一起，然後才用釘槍釘入九十公釐長的釘子，有點像在做層壓板。

我在原本的椽木上重複這道工序。那些新的二乘九將作為強化用，按工程師給我的計算，最後將打造出一個堅固的屋頂。

我已做好「屋頂木架」（roof truss）了，挪威的屋頂製造廠把這個詞彙套用在各種結構上，當成一種通用詞。他們截取一個聽似響亮的詞彙，冠在他們的產品上，雖然詞意實際指的並非他們所製造的東西。這個詞彙是術語發展的一例，現在已根深柢固，變成這行的術語了。

星期四早上，我比平時起得晚，並花了一點時間處理文書工作。我很想按時處理文書工作，但往往拖著不理。經營公司一定避不開行政工作，卻未必有助於施工現場的進度。這跟把一袋豆子倒在地板上，然後逐一撿起來差不多，只是再把同樣的事情做一遍罷了——至少文書工作感覺就像那樣。文書工作不需花費體力，因此像是休息日。我盡量安排在背部特別痠疼時處理，如此便能在身體需要時，把文書工作當成休息。這比週六有人拿槍抵著你的頭，硬逼著你去幹活好多了。

等星期五早上爬回閣樓時，翻了一整天文件的我，已經迫不及待想回工地了。我忙著打造椽木，接著強固支撐結構。

我在間隔牆上，把一根二乘九木條固定到砌磚上，用螺絲釘將木條緊拴到椽木一端下方。我在椽木各側裝上座架，將椽木接到兩根支撐它們的二乘九木條上。這樣椽木的尾端就不會亂滑了。

時間來到晚上八點，我累了。本週目標是完成屋頂木架，我辦到了。現在底下支撐屋

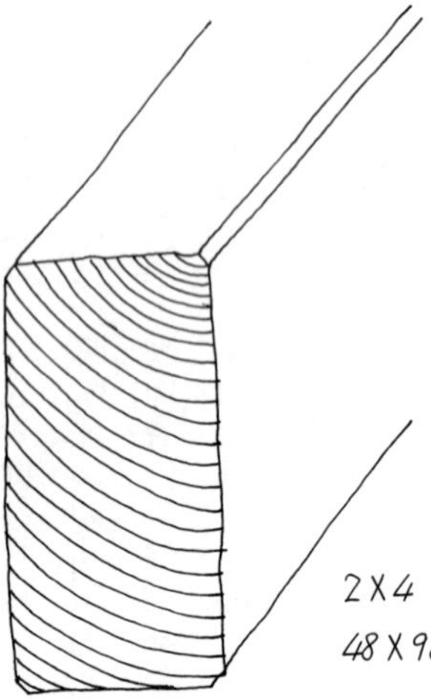


頂的新桁條已經準備妥當，可以安裝了。

像這樣的目標，就是工作日中的小亮點，讓我有機會坐下來，仔細檢視完成的工作，領會那種滿足感。它們是一種結束，也是下一個步驟的開始。坐著環視自己的成果，令我心情愉快，並思索自己能否用不同的手法，做得更好，好比在腦中開小小的建築會議。我輕鬆地坐在成堆的建材上，想著下一階段要怎麼做，尤其是如何把桁條裝上去。

該回家，好好睡一覺了。

# 22

一個安靜、放鬆的週末。「早安，早安。」我們在星期一彼此問好，然後我走上樓，煮杯咖啡。我很放鬆，很期待開始工作，但得先來點咖啡因，環視四周，思考一下。一週之始，即重拾上一週的結束。

一根六公尺長、一百八十公斤重的膠合板梁木架在繫梁的上端。這根梁會放到離地板四公尺高的地方，就在屋頂的椽木下方。整個週末，我腦子裡都在想這根梁。那樣想事情其實挺累人的，但這週末我真的很想回來工作，解決那個問題，也很期待丹尼星期三過來。獨自工作有時候很無聊，有了兩個人，不僅能做更多事，做起來也更有趣。

目前這根梁只是一塊巨大笨長的膠合板條，它將成為支撐結構中的一部分。將來若有人將它移走，屋頂便會撐不住自己的重量，也抵不住落雪增加的承重或強風的吹掃。屋頂將因此鬆頹，甚至崩塌。

這根梁木將支撐屋頂一側的八根椽木，從距離屋脊一公尺的地方，以直角抵住它們。為了固定這根梁，給予椽木最大的支撐力道，我在與梁銜接的椽木上，挖了十公分的槽口，或稱作尖嘴槽口（bird's beak cut）。

屋頂並未橫貫整個房間，因此所有槽口挖的地方稍有不同。

為了讓所有槽口排成與屋脊平行的直線，我用粉線（chalk line）做記號。再用雷射測量器，確保這些槽口在同一水平上。我得在樓梯上上下下攀爬，穿梭於之前架好的鷹架上。若是在二十年前，我一定會弄得昏頭轉向才把事情搞定，但現在只要我按部就班處理，就只是小菜一碟了。每個步驟，都會使下一個步驟變得更輕鬆。

「槓桿原理」在抬起梁木時非常好用，第三隻手也是。我將兩者融會貫通，協同作業。我在梁木兩側尾端放了兩根二乘四的木條，中間放了幾根二乘八的椽木。看起來就像有幾根橫檔的梯子。我把「梯子」固定到繫梁上撐住，「梯子」才不會翻倒。我又造了另一個「梯子」，然後把兩道「梯子」擺在離繫梁中央的適當距離。這些梯子是「協助之手」的變形，之間的距離意味著梁木一端的重量，會被另一端的重量抵銷掉。現在我可以利用槓桿原理，將梁木像蹺蹺板似的搖上去了。我先吊起一頭，然後在底下緊緊拴上一條橫向的二乘八，放到最靠近那頭的梯子上。接著在另一端故技重施。這裡抬一點，那邊抬一點，不需要花費太多力氣。兩座梯子之間的距離剛好可以平衡梁木，不費力地吊升，同時讓梁木維持平穩。

這是一種吊升梁木的安全辦法，省去我費力抬重。除此之外，也讓我趁機把梁木打橫移往索具上，必要時順便調整椽木上的溝槽。

不過我現在不打算把梁木吊上去，我不想一個人動手，因為明天我們會有兩個人，而且一切都已安排就緒，就等丹尼大駕光臨。

剛入夜，彼德森一家回來了。我把頭探進去打招呼，準備離去。他們全家都在，剛剛吃過晚飯。我發現自己餓了，但我待會兒要去吃印度菜，所以沒有理由自憐。

彼德森一家看起來好開心，工程開始了，這對他們家是件大事。我告訴他們，工程按計畫走，丹尼明天過來，到時施工速度會加快。

約翰一直在跟有線電視公司聯絡，終於讓他們訂出日期，過來查看電纜。電話線已經打點好了。有線電視的人星期一會過來。

「你們要不要到樓上看看？」我問。

「好啊。」約翰說：「非常樂意。」

「我可以讓你們看看我做了什麼，解釋一些事項。不過你們得現在上來，因為我待會就要回去了。」

約翰和凱莉開始穿鞋，但孩子們沒動作。

「你們不想全部上來看看嗎？」我說。

「上面這個時候灰塵大，而且有點危險。」約翰解釋說。

男孩們顯然被嚴禁接近閣樓，暫時不得上去。

「不要緊的，只要他們小心一點就好了。孩子們，你們不想看看嗎？如果爸爸媽媽不介意的話？」

約翰看看凱莉，凱莉則看著孩子，兩個小男生先是瞄著我，然後又去看他們的爸媽。我好像管到人家的閒事了，但我還是露出無辜的燦爛笑容。

「呃，我想可以吧。」凱莉說：「如果你們兩個想去的話？」

詹斯和費迪克從椅子上跳起來，奔向門口，齊聲喊道：「我們想去！」

「你們得穿鞋子。」凱莉喊說。

「而且得穿外套，媽媽爸爸也是。上面很冷。」我又說。

上閣樓前，我告訴男孩們千萬不可亂跑，只有我說可以去的地方才能過去。其實大人也一樣，只是我沒說出口。此刻，這是我的船隻，而這個階段的工地雜亂無章，恍若暴風雨中的船。

我打開門，把主要的插頭接上，所有燈同時點亮。從徹底的黑暗，變成四處通明，令人印象良深，尤其是孩子們。他們的父母從窗子安裝好後，就一直沒上來過，大概想刻意保持尊重的距離吧。這在許多方面來說是件好事。有時沒人干擾，靜靜工作，挺好的。

他們看到窗子、屋頂的梁木、所有建材，以及將梁木吊至定位的裝備。閣樓還沒鋪地板，只露出地板的托梁和黏土，視覺上是一片狼藉和大致的結構。屋頂的架子和椽木的陰影打在各個方向，舊建材因年久而發黑，較新的建材則幾乎是白的。閣樓看起來十分髒亂多塵。我不認為灰塵等於泥土。灰塵就是灰塵。我身上的灰可以多到整個人變成灰的，之後才會變髒。那是兩個不同的階段。

閣樓聞起來灰塵很多，而且相當寒冷。還很難把閣樓視為家中的一部分。

「臥室會蓋在那裡。我猜你們兩個可能會睡在那邊，是嗎？」我問兩個男生。

「哪裡？」詹斯問。

我指了指，可是三歲的男生很難理解我所指的地方會變成房間，擺著玩具、床和一切房中會有的東西。他那五歲半的哥哥則很樂意解釋。

「他的意思是那裡，在那邊。」

費迪克聽懂了。

「我們的床可以擺到窗邊，我們可以睡在窗戶下。」

對他來說，閣樓的窗子聽來很新鮮，所以他想把床擺到窗下。就某方面而言，把床放在可以望向天空的地方，很合理。凱莉明白他指哪裡，便解釋說：

「那邊的天花板是斜的，而且太低了，雙層床沒辦法擺進去。也許你們可以把床放到將來房間的角落裡？那樣不是很棒嗎？」

那是甜美的一刻，凱莉和約翰可以看出兒子們的興奮，看出他們開始把閣樓當成自己家了。對孩子而言，親眼看到工地現場，跟聆聽大人談論的感受截然不同。

詹斯和費迪克瞄著我的工具，放在架子上的橫切鋸、鍾子，以及跟其他五金器具堆在一起的直角尺。費迪克忍不住小心去摸躺在他身邊的錘子，他沒去拿，只是摸著，彷彿那是某種極為精細或危險的東西。

「不行！別碰那個！」約翰阻止他說。

「沒關係，不危險。」我說：「你可以拿起來，沒問題。」

「好吧，如果木匠師傅說沒問題，不過你得先問過人家才行。」

費迪克禮貌地詢問後，我告訴他沒關係。

大人做事時，小孩經常礙手礙腳。然後大人便會安排讓其中一個大人看顧孩子，把他們帶走，讓其他人工作，因為那樣更有效率。

「等我要錘釘子，安裝這個架子時，你們得讓孩子出去，帶他們到公園散步。」

孩子們可能因為好奇、愛鬧，妨礙大人的工作，使實務工作變得危險，讓工地變得像犯罪現場。

「天啊，好重。」費迪克用兩手拿起錘子說。他忍不住小心翼翼地用錘子敲了敲擺在錘子下的二乘九木條。

我可以帶他們看的東西很多，因此我告訴他們，可以試著做點木工。我進一步指出並解釋浴室將設在何處。我們走向浴室，孩子們沉默得近乎虔敬。

「浴缸會放在這裡，那樣很不錯吧？」我問：「你們喜歡泡澡嗎？」

費迪克說詹斯害怕眼睛進肥皂，可是他自己很喜歡泡澡。

「說不定你自己泡澡，眼睛就不會進肥皂了？」我問詹斯說。

他點點頭，但似乎並不全信。

「廁所會蓋在那裡，就在牆邊。」

他們努力想像將來的一切，浴室比臥室更難想像，因為需要安裝的東西太多了，有水管和各種裝配。臥室就簡單多了，只有牆壁、天花板和他們自己的東西。浴室的裝修會留待最後。

他們各以大人和孩子的觀點品評浴室，然後就參觀完畢了。

「好，時間很晚了，我得走了。」我說。

「不過等我再有點進度後，你們可以再上來看，如果你們想要的話。」我問，主要針對兩個男孩，他們表示很願意。

我到餐廳外帶一份印度餐，回家度過一個安靜的夜晚。剩下的工程能有同伴共事挺好的。從明天起，丹尼就會與我並肩作戰了。

# 23

我們有一個裝咖啡的熱水瓶，丹尼和我寧可帶自己的咖啡，也不想用客戶家的咖啡機，儘管按照規定是可以用的。在工地擺熱水瓶挺享受的，就像去健行一樣，只是少了營火，並且添加許多灰塵罷了。

我們手拿杯子坐著看圖面和閣樓。今天要做的首件事是上梁，這是我們的驅力，我們的期待。今天會很愉快，相對輕鬆。更重要的是，我們的合作會很順利。

我們兩人最近都做了不少體力活。我一直在抬很多重物，閣樓裡的寒氣毫無幫助。我身上有幾處痠痛，尤其早晨剛醒、身體比較柔軟時，雖然沒有一處特別痛的地方，但幾乎全身都痛。等我暖身後，狀況才會好一些。

我抬起桁梁一端，丹尼準備好一根二乘八木條，兩人便開始工作了。運用「槓桿原理」，力乘以距離。齒輪、滑輪、嵌齒、橇棍，所有這些物品，都依據這個物理學原理而來。這是我最愛的原理，我不清楚當年蓋巨石陣的那些傢伙吃什麼食物，或是講哪種語言，但他們鐵定找到了槓桿原理。

梁木長六．五公尺，有兩處支撐點，中間距離約兩公尺，也就是說，我們得抬起約三十公斤的重量，即使像我這樣全身僵硬痠痛，也辦得到。我們利用這種方法，必要時可以舉起一根與車子等重的梁木。

等梁木快到定點後，我們用橇棍做最後一次抬舉。我知道梁木一定能接合上去，我對自己的丈量和鋸出來的溝槽很有信心，但還是不免有點小緊張跟興奮。我們用橇棍把梁木舉起來，在梁木和支撐點之間擺了木塊，木條便卡進溝槽裡了。

「進行得還算順利。」丹尼說：「算你走運！」

以前我們完成基礎工程時，我的老東家總愛這麼說。我們用建築板模螺絲，將梁木緊緊固定到所有椽木的尖嘴槽口裡，暫時先由屋頂吊住梁木。

我們把一條十乘十公分的粗木柱固定在梯井角落，抵在梁木一端之下，梁木安穩地坐在柱子上。梁木的另一頭則是嵌入我們在磚牆上鑿出的洞裡，等梁木在凹洞中固定後，我們在梁木底下放入鋼板，將它墊到適當的高度，最後用灰泥把木條四周剩下的空間填滿，現在則由梁木來支撐屋頂。

梁木放到屋脊一側後，不難看出結果應該很不錯。我們滿意地檢視屋頂，再拆除索具，把工具吹拂乾淨，整理後吸塵一番。我們希望現在工地能乾乾淨淨的，盡可能把擠滿東西、塵埃滿天的閣樓弄到沒有髒污。既然我們這裡有兩個人，就得比我獨自工作時更整潔。在自己混亂的場子裡工作是一回事，但在別人的混亂中工作，感覺似乎更糟。整潔的工地讓人工作起來更安全，效率也更高，而且上工時心情較佳。

# 24

第二天早晨，丹尼搭電車來了。他住在狄森區（Disen）斯托洛（Storo）大型購物中心頂樓，樂得把車子留在家中。雖然我上班的路途不遠，我還是開車來了。托允和海格蒙斯路間的大眾交通連結得不是很好，而且我們工作時，能有輛貨車備著也挺不錯的，只是停車很麻煩罷了。

像現在正值二月中旬的雪季，奧斯陸清理積雪的方式，就是把雪從一個地方移到另一個地方。道路慢慢清出來，人行道上清掃乾淨了，但雪只是被堆到路邊而已，等開車的人要取車時，又會把雪鏟回路上。這樣來來回回搞過幾次，雪就變得又硬又沉。早上把貨車開出來時，我得先清掃車子四周的積雪，到了海格蒙斯路，得先把雪鏟開才能停車。晚上回家時，又重複同樣的過程，只是程序相反罷了，因為這段期間，街道通常又被清理過一遍。

我學會晚上便先清掉貨車四周的積雪，這樣在早晨積雪變成堅冰時，就不必那麼大費周章了。任何夜裡飄下的新雪，鏟起來都比較輕鬆。

閣樓很冷，但我們習慣了，衣服穿得也夠。冬天害我又犯濕疹；層層疊疊的衣服也幫不上忙。我雙手皮膚龜裂，乳霜或手套都保護不了。我在最大的裂口上貼了外科用膠帶，否則泥土和小刺會跑進去，等裂口變大，便會開始流血。如果我們有傷口或割傷，就會貼這種膠帶。指尖上的小傷口會流很多血，外科用膠帶是在我們工作時唯一黏得住的膠帶，OK繃沒用，而且外科膠帶可以多繞幾層纏緊，直到僅滲一點血為止。如果我們的傷無法用紙膠帶搞定，就得去找醫生看診，也許還得縫上幾針。從事傷害風險較高的工作的人士，對嚴重割傷的標準較嚴。一般而言，我並不喜歡流血、割傷或疼痛，可是我發現工作時沒那麼在意受傷，換下工作服才會覺得疼。好像工作時沒那麼痛，就繼續幹活了。

等完成結構支撐的粗活後，我們便安上扣件，把所有東西牢牢緊固，並在必要之處拴上一些建築板模螺絲。那些礙手礙腳的建材會逐漸減少，直至下次吊車把東西吊進來。到時候，閣樓會再次擠滿擋路的建材，讓我們忙上一陣子。

我一直很期待拆除支柱、繫筋和多餘的承重結構。我們把拆下來的木料和建材緊密地堆在一起。那些東西拆掉後，舊的屋頂椽木與牆頂相接的地方需要再補強。我們用鐵條把椽木固定住，以免跑位。閣樓現在是一個敞開、空氣流通、更易於工作的地方了。

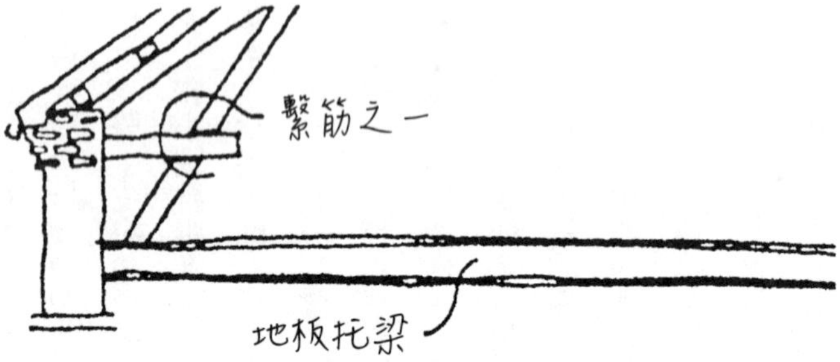


原始結構

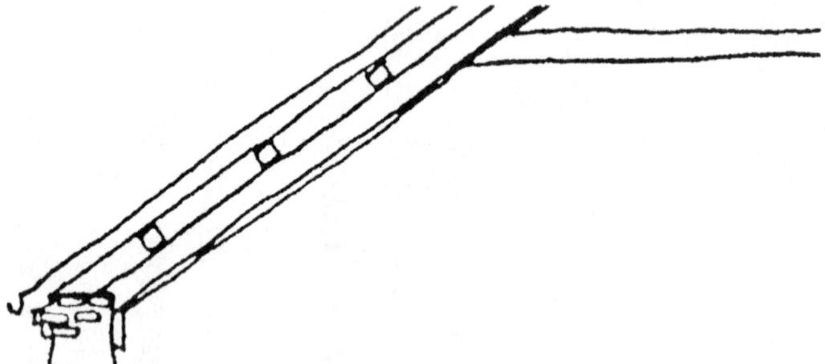

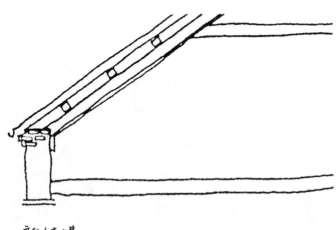

新結構

# 25

我認為新梯井的打造方式，是我們研發出來最棒的技法之一。為了精進這項技法，我們這些年來做了許多突破。

我們打造出來的開口，將連結目前有人居住的公寓，以及塵土飛揚、喧鬧嘈雜的建築工地。由於灰塵會鑽到任何沒有封妥的東西裡，因此分隔閣樓與底下公寓居民的生活非常重要。我們的解決辦法，就是在建造過程中，封住兩個世界之間的連結。我們完全打開那個洞口之後，只需要再做一天的木工，就能讓油漆工來上漆，並且安裝樓梯。這樣能讓客戶承受最少的不便，而且也很適合我們。

我們需要在樓下公寓的天花板中央打一個小開口，那是將來樓梯通往閣樓的地方。我們利用這個開口做必要的丈量，為將來實際樓梯要用的大開口定位。

在吊車把建材吊進閣樓之前，我先拆掉樓梯處的黏土，鋪上一些臨時的隔音材料。現在我們把隔音材料拆掉，丹尼帶著鑽孔機、螺絲釘、一個硬紙箱和梯子，走到樓下公寓。

他用螺絲釘釘穿天花板的中央，也就是樓梯口將設置的地方，然後用膠帶把箱子緊貼到螺絲釘下的天花板上，自己站到梯子上，從底下撐住紙箱。我從上方，以穿透地板的螺絲釘為中心點，鋸出一個二十乘二十公分大的洞。由於我開的洞，會成為未來樓梯的中央，我無須太在乎下方的天花板。我操起有鋸齒狀刀片的往復鋸，直接就鋸下去了。

我拿起鋸下的那片屋頂，把洞口四周及丹尼仍用手撐著的紙箱子清乾淨，並吸過塵。等清理完畢，丹尼拆掉膠帶和箱子，我們便在沒把公寓弄髒的情況下，在通往閣樓的天花板開出一個洞了。

我們在公寓地板上放置一台雷射校準器，讓校準點穿過洞口，指向閣樓。機器會沿著水平軸及垂直軸射出雷射光，這就是所謂的「自動調平」；雷射會提供我們閣樓與底下公寓的精準參照點。

新梯井處在公寓的兩面牆壁之間，我們用雷射光測量與樓下一面牆壁之間的距離，然後在上方的閣樓也做標記。接著，我們依樣丈量另一面牆，也在樓上閣樓做記號。現在樓下該量的全量完了，可以再把洞口蓋起來了。丹尼用螺絲釘在天花板上緊緊拴了兩層塑膠板，再用膠布將板子四周封死，以防漏塵。那個小方洞得等裝樓梯的人來量高度時，才會再度被打開。之後就等工程最後階段，人家來裝樓梯時才會用到了。

我們在下午一點鐘吃飯，比平時晚了一點。我單獨工作時，沒有固定的吃飯時間，一般都交給我的肚子決定。我的肚子通常會在上午十一點到中午間通知我，但有時會遲至下午一點，甚至兩點，直到我發現自己該吃飯了。丹尼是習慣性的動物，所以我們兩個一起工作時，便盡可能在十一點半用餐。

午飯時，我們盡量不談工作，雖然很難避免。能暫時拋開工作是件好事，之後頭腦會清醒些。通常我們會在閣樓裡喝咖啡，但今天我們留在樓下看製圖，思索該如何重建支撐結構。客戶騰出家中冰箱的一層，給我們放自己的食物。熱水壺裝的咖啡固然不錯，但我們不太喜歡吃餐盒。若能自己切麵包，抹奶油，感覺更像在吃正餐。彼德森大婦會幫我們洗毛巾，而且比我們自己洗得還勤快，所以就肚子和清潔而言，我們現在過得很奢華。

公寓裡有一道牆壁直通樓上的閣樓，但樓上的牆面與樓下不同，我們得把牆面少掉一層灰泥的狀況考慮進去。

不過，這道牆在兩層樓中的走向一致，所以我們的開口可以與牆面平行。因此，我們從下面用雷射測量，知道開口要開在何處，而樓上的牆壁則提供了方向。

開口的大小是一．八乘一．九公尺。我們標出一條跟閣樓牆壁平行的線，作為開口的一個邊，然後把直尺放到線上，這樣就有個簡單的依據了。

為了量出九十度角，我們使用簡化的工匠版勾股定理。如果三角形的三邊長是三、四及五公分，那麼三及四公分兩邊的角度會是九十度，也就是直角。使用相同的比例，把長度加到一二〇乘一六〇乘二〇〇公分，製出更大的三角形，便能在直邊得到九十度角了。

我們知道開口另外兩邊的一邊會在哪裡，就在樓下另一道牆壁的地方，而且我們已把那條線標到地板的托梁上了。我們在這條托梁上畫出九十度角，並在離線一．九公尺的地方，畫了一條平行線。現在新梯井的開口已經標示出來，那道牆成了開口的最後一邊。

接著我們檢查對角線。如果正方形的對角線等長，角落的角度一定就是九十度。我們必須測量、檢查，然後複檢。我們精確測量著覆滿塵埃又不平整的粗糙建材。

工作一週後，我趁著休息放鬆時，更換其中一盞燈的插座。燈最好立即修好，以免受它干擾好幾天。

星期五是個奇特的日子，大部分人都等不及要過週末，巴不得星期五能快快結束。週五下午，我工作時往往特別來勁，覺得可以自在地繼續工作，反正正事已經完成，我做的一切都是多的。我想留下來，藉著說話拖延時間，可是丹尼才不幹呢，他想回家，而我要去外頭喝湯。

# 26

海蓮娜、思諾和克里斯特等我到了才點餐。海伊區（Hai）的「修家熱湯」，是奧斯陸最超值的晚餐選項。

海蓮娜在托兒所工作，負責照顧小孩，是所謂的「幼稚園阿姨」；她不曾受過正規教育訓練，自稱是「不合格的阿姨」。海蓮娜非常聰明，講話十分風趣，加上思諾和克里斯特，讓我們的小聚會相當愉快。

說到我們這一桌人的職業高低，克里斯特居首，思諾和我居中，海蓮娜墊底。

有一陣子，聊天內容談到了工作的品質。職業的難易度，與職業貴賤，以及如何呈現高品質成果有何關係？由於大夥很快達成一致看法，討論不久就變得有些無聊。職業的貴賤與工作品質，似乎沒有特定的對應關係。接著，海蓮娜靈光一閃，問大家何謂品質。是價格、耐用度，還是功能性？那還用說。還是市場需求呢？對，也不對。環境？沒錯。

「不對！」我說：「環境或所謂的可持續生產，跟產品品質並沒有關係。」

「我倒認為有。我不會買對環境有害的物品。呃，反正不是傷害那麼大的就對了。」克里斯特說：「無論是製造過程或使用過程。」

「那麼你上個月搭機去巴塞隆納又怎麼說呢，還有你智慧型手機裡的稀有金屬咧？你很喜歡你的智慧型手機吧，事實上，你根本不能沒有它。」思諾的一番批評，讓大夥又聊開來了。

「是啦，可是我又找不到別的選擇。」

「如果不用智慧型手機，不去巴塞隆納呢？」海蓮娜直接嗆回去。

大夥同意找個實例、某個產品，讓大家討論生產時所使用的原材料、製造者，以及最後的使用。最後大家挑定了襯衫。

「如果襯衫質地好、製作精良，而我又喜歡，那麼對我來說就夠了。」我說。

「所以你的意思是，你只在乎你自己！」我們又點了一輪啤酒，海蓮娜接著說。

「那樣的話，你就沒資格抱怨你們幹建築的是如何被對待了。如果你的襯衫是用最不環保的材料做成，而且由孟加拉的童工縫製，你就沒有權利抱怨挪威的工匠有多可憐了。」

我是在力辯群雄。

「聽我說，好的襯衫，並不表示利用童工或破壞環境就無所謂。每個人都想買自己想要的東西，也各有理由做他們想做的事。像克里斯特搭飛機去巴塞隆納，每五分鐘就掏出手機看一樣。我不買童工縫製的襯衫，至少就我所知沒有，但那跟童工製的襯衫關係極小。我們出張嘴很容易，叫人家按孟加拉兒童的居住條件控制品質，可是連我們自己國家都沒有那種規定。」

「我們這裡又沒有童工。」克里斯特說。

「沒錯，我們這裡手工襯衫也少——但那不是重點。我們有自己禁止童工的法律，也有自己的環境永續法規。我們國家沒有縫製襯衫的童工，是因為法律不允許。所以我們這裡無法鑑定兒童製的襯衫品質，因為根本沒有。就某方面而言，我們的工作環境法與類似的規定，優於消費者的權益規定。

「無論兒童製襯衫有多好，我們只能依據挪威法律的基本精神，去禁止進口這種襯衫。我們在討論襯衫品質時扯到我們的基本權利，一點都不奇怪。我們絕對不能因為衣服的品質好，就把我們在挪威社會享有的權利正當化。」

我開始漸入佳境。

「所以你認為我們應該用國內的勞工法，用我們的工作環境法，去評估我們進口的所有物品嗎？」海蓮娜問。

「在某種範圍，是的。還有我國及本土手工業面臨的社會傾銷問題，也應該被視為必須解決的嚴重問題。從大局去看，較易看出問題所在。那是我們現在所處的時代中，十分特殊而奇怪的面向——物品的來源並無疆界。我們都是生活在地球村的人，環境與工作條件並不受國界的限制。」

這一類的討論，令我能快樂地生活在這個社會。這座花園雖未必事事美好，但我們確實能選擇去避免徹底剝削他人，破壞我們的自然資源。對我們這種相對活得奢侈的人而言，遇到失敗或犯錯，失望也愈大，畢竟我們是綽有餘裕、能把事情做對的人。總之，我只要一、兩杯黃湯下肚，就會夸夸其談；我提議敬工作環境法一杯，眾人聞言紛紛舉杯。

「沒有法規保護的話，今天我們的社會必定全然不同。如果我們沒有這些保護，那麼做父母的，也只能祈禱孩子最後站對邊了——換言之，最好能站在工廠大門外的學校裡。乾杯！」

「我很高興我十三歲時不必到工地上工。小孩子不該被逼著去為懶惰的社會菁英縫襯衫。」思諾說，然後大夥一起殺去泰迪酒吧。

# 27

星期一早上。「哈囉，哈囉。」

彼德森全家去小木屋度週末，所以自從上了梁、支柱和繫筋拆除之後，就沒看過閣樓。他們跟著我上樓很快看一眼。孩子們精力旺盛得很，根本不必喝咖啡，還跟我說了去越野滑雪跟滑雪橇的事。丹尼此時已經在閣樓架設燈光，準備工具了。

凱莉與約翰對眼前所見甚是喜歡，按照設計，梁木完全不會阻礙到中間的夾層。地板上的屋頂支撐占去許多空間。雖然工程才進行到一半，到處堆著工具和建材，仍不難看出撤去這些東西後，空間會開敞許多。就像他們說的，慢慢有個樣子了。

關於設計圖，我其實有幾個不同的施工想法，還沒跟他們提。不過現在他們看過我們施工的狀態後，應該會相信我們有能力蓋出保證中的閣樓。客戶原本打算弄個 Ikea 式的浴室，但我建議做固定式的，用膠合板做台面，這比他們預訂的造價更貴。我給他們看草圖，還有幾張我們為其他客戶施作的照片。凱莉和約翰很感興趣，便跟我約好將這份資料傳給他們，讓他們再考慮看看。我建議在夾層加一個 Ikea 的衣櫥，配合斜下的天花板，如此就也能用到 Ikea 了，反正儲藏空間永不嫌多。

其實保留最初的施工法，別進一步把過程複雜化，是最簡單的作法，但他們若肯接納我的建議，浴室一定會變得更棒，我們的工作也會更有趣。

彼德森一家離開後，丹尼為我們兩人各倒了一杯咖啡。

公寓和閣樓之間，有一部分的地板托梁得拆掉，才能安裝新樓梯，剩下的地板需要強化，開口四周的地板得重新做過。工程師已經把新的結構畫好，定出了尺寸。

我們改裝時，不是從下面的公寓去支撐托梁，而是將托梁固定到天花板上。這得在我們打造新結構時就做好，以免地板托梁變弱而移動。托梁若是滑動，可能導致下面的天花板裂開，修理起來就得大費周章了。

我們動用二乘四的木條和大量的螺絲釘。這些東西稍後都會再利用，因為組裝的結構只是臨時性的。電池式電鑽機和更新、更佳的螺絲釘，讓我們在從事這類工項時，擁有各種新的可能性，架設起來十分簡單且效果牢固。

我們在開口預設區的托梁底下噴ＰＵ泡棉（polyurethane）。泡棉會填補孔洞和裂隙，

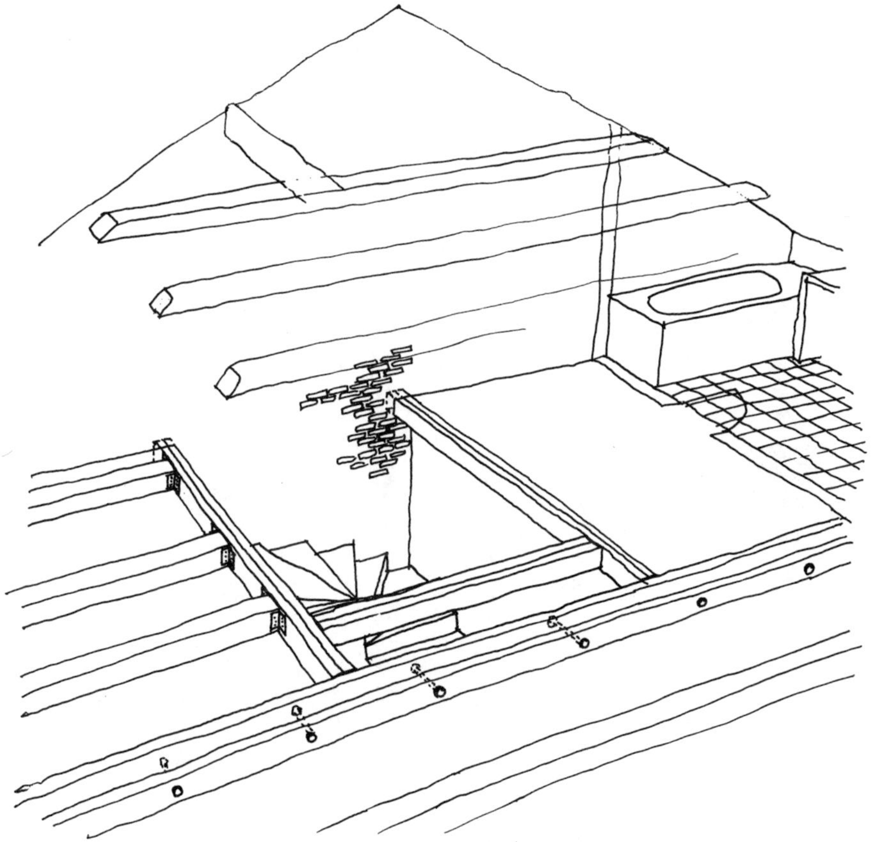

樓梯開口

強化並凝聚一切。這是我們施工的祕密材料之一，用最不會對樓下公寓造成傷害的方式，打造出樓梯要用的開口。

那三根與閣樓磚牆平行的地板托梁，必須切掉。它們承受的重量，則由保留下來的第四根托梁承接。這根托梁必須強化，在兩側各黏牢、釘妥一根二乘九的木條。此外，其他地方要用一整根螺絲釘拴緊，再加上齒板連結件。那樣就能穩固住了。

我們會從這第四根托梁，加一根連接到牆壁的九十度角承接梁（trimmer），一端固定在加強後的托梁上，另一端則架到我們在石牆上鑿出的凹洞裡。

我們之前標出了樓梯的位置，現在則要標出一個更大的洞，也就是給新托梁以及最後要遮蓋一切的石膏板的空間。如果你站到下面的公寓抬頭看，那正是我們切割地板托梁或天花板托梁的地方。

丹尼設好電鋸，把刀刃磨利，然後精準地切割托梁。它們還不會從整個梯井移開，只切除一部分，騰出容得下承接梁的空間，因此丹尼從每根托梁切掉約三十公分的木段，然後把承接梁插進去。留下來作為結構一部分的地板托梁，則靠在承接梁上，用角托架和釘子牢牢固定住。

承接梁位於強化後的托梁和磚牆之間。我們在承接梁上安了一個與它垂直，並與牆面平行的新托梁，構成開口的第二邊。接著，我們又放入另一根與這根呈九十度角的托梁，指向牆面，就是我們梯井的第三面了。我們沿著邊緣工作，先弄一面，然後弄第二面，接著再做一面，最後留下山形牆當作第四個邊。

開口四周的工作已經完成了，公寓的天花板仍完好如初。在閣樓中，你可以看到地板托梁中有個長方形的空框，那是新樓梯的位置。開口四周的地板結構比我們剛開工時，更加堅固牢靠。

橫過開口的斜托梁被切斷後，現已沒有任何承重的能力。我們暫且將它們接到新的結構上，以便在地上鋪纖維板（chipboard），好讓我們有平整的地面可工作。我們將開口隔絕起來，如此便能符合防火規定——施工期間，為了防火安全的考量，須將閣樓獨立出來。防火隔絕材料同時也能為住在下方的家庭隔音。我們清理一番，拆除連接地板與屋頂的臨時架設。接著，就可以鋪放地板，展開更像在打造新閣樓的工作了。

# 28

彼德森夫婦訂了處理過的松木實木地板，可以直接鋪到板條上，但如果現在就鋪地板，得再把地板蓋起來，因為施工過程即使有適當的保護，新地板還是難免損傷。於是我們會先鋪上臨時的纖維板，等閣樓快完工時，再鋪設松木地板。

舊地板的高低差或斜度有時挺大的。本案的高低差有四公分，我們得先用新板條把地板整平，才能鋪纖維板。這週剩餘的時間，我們都在整理地板。

週五早晨，來自愛芭公司的電工畢恩．歐拉夫（Bjørn Olav）來鋪設地板下的管線。他拆掉兩條舊的電纜管，為梯井騰出空間，然後在纖維板之下拉新管子。我們擬出進一步的電工設計，他寫出下次要帶來的材料清單，然後就離開去做下一份工了。電工都是這樣。

電工常常到處跑場，那種工作方式很不適合我。我喜歡能讓我忙上一段時間的大型工程。手工業需要許多不同的人，有一種人喜歡趴趴走，做許多小工程，開著車東奔西鑽。

## 第28章

畢恩·歐拉夫很享受那種工作狀態，就某種程度而言，他就是自己的老闆。

維修工作則給我相反的感受：彷彿老是有個人指使我要做什麼。在較大型的建案裡，我覺得時間由自己控管，計畫更長遠，工作也分好幾個階段。我認為這樣更自由，其他人卻覺得無聊而停滯不前。

這星期轉瞬即過，穩健的進度令我相當滿意。有時，我覺得工作時間好像不夠用，但我看得出工程進行得相當順利，至少目前如此。

我們喝完最後一杯咖啡，隨即下班。丹尼跑去參加小孩的生日會，滿心期待能吃點東西。他是巧克力蛋糕控。

# 29

週一上午，我探頭跟彼德森一家打招呼，他們告訴我，他們看過新梯井的準備工作了。上星期他們沒怎麼上閣樓，不過週日上去看了一下。我想他們刻意在我們工作時，盡量保持距離，以免礙事。他們不希望有監視我們之嫌，只想表示信賴。這種作法雖然體貼，其實並無必要。我喜歡客戶跟上腳步，對工程的進度感到好奇。客戶若對我們沒信心，對工作處處質疑，用幾近指責的方式講話，的確會很麻煩。但凱莉和約翰並不會那樣。他們提問的方式、對工程的好奇，都十分良好。我們非常歡迎他們更常上樓看一看；畢竟這是為他們打造的家。

「一定有很多工作要做吧。」凱莉指著梯井說：「而且公寓裡竟然沒有灰塵。你之前那樣說的時候，我們都不太敢相信。」

「是啊。從現在開始到我們完工之前，你們需要擔心的灰塵量，就那些而已。呃，除了我們吃飯時帶下來的灰。希望那樣還ＯＫ？」我略微抱歉地問。

「一點問題都沒有，你們總得吃飯吧。」

「只是想問問看你們有沒有任何疑問。」我說：「若有什麼疑慮，請儘管說，以免造成誤會，弄得難以收拾。有任何問題請告訴我。偶爾上樓來看看我們進行到哪裡了。」

利用這種時刻來建立關係挺管用的。等爾後出現問題才建立交情，也許就太遲了。到時候會更容易起爭執。

我們打算從地板著手，準備安裝底層地板，因此我們跟彼德森夫婦聊了一下他們選擇的地板。他們覺得實木比鑲木地板軟，看起來更漂亮。製造商用對環境更友善的方式去製作，那一點也在他們的考量之內。丹尼和我表示認同，並告訴他們，我們很樂意有機會鋪設優質堅固的松木地板，因為我們較常鋪鑲木地板。

鑲木地板價格比較合理，且鋪設快，大部分人選擇鑲木地板，大概就是為了這個理由，但它能稱霸市場還有幾個原因。大型製造商、家飾與ＤＩＹ連鎖店大量行銷鑲木地板和膠合板地板，使之成為特價商品，就像超市裡的豬排和尿片一樣。

鑲木地板硬度較高，不會輕易刮傷，壓出痕跡，而且許多人就是喜歡鑲木地板的模樣。人各有品味，這點無須置喙，但實木地板通常較耐久，因為能多次打磨。從這個層面去看，實木雖耐久，但「世世代代永保用」的物質觀念已經變了，買新品變得更容易，且大部分人都負擔得起。鑲木地板會變得更實用，是因為大家受不了老舊破敗，而且對工匠而言，比實木地板更易鋪設，因此日益普遍，也導致懂得鋪各種實木地板技術的工匠愈來愈少。

我會用「高價」及「合理」兩個詞，而不用「昂貴」和「便宜」的說法，是因為個人對金錢的經驗各不相同。我只有在價格有問題時，才會採用後面的說法。大家常覺得塑膠地板（vinyl，乙基烯）與實木相較，檔次較低。兩者都可能很貴，但那就表示價格標得太高了。如果實木地板價格合理，那就是真的合理。如果塑膠地板的供應商標價過高，即使價錢比實木地板低，我還是會說它過於昂貴。

這兩種地板我都喜歡，都是不錯的施作方法；抱持這種觀點，我便不至於傲慢。實木地板的價位較高，但並不表示塑膠地板就便宜了。有錢人有時需要炫富，用傲慢去跟一窮二白的人保持距離。然而，產品本身不應淪為無聊的社階地位競爭。俗諺說，一個人的家就是他的城堡，去人家家裡作客，管他是實木或塑膠地板，你都不該把人家的地板弄髒。

我們在整平的地面上鋪纖維板，同時蓋住梯井的開口。我們把底層地板切出梯井的正確大小，然後就沒再動它。等需用到洞口時，只要掀掉纖維板就成了。現在「地板」既已蓋住梯井，閣樓便真的自成一個小世界。

我們將擱在還需整平的地面上的剩餘建材移到底層地板上。鋪設剩下的底層地板費時較短，我們上手後，工作效率變快了，因為無須多想，照著做就行了。

「這會兒這工作在我腦子裡跳舞哩。」我那愛彈手風琴的老東家老這麼說。

底層地板裝好了，丹尼忍不住跳起團康舞。幸好他沒跳太久，我的腳還來不及發癢。

現在清理起來輕鬆多了，而且在高處施任何工，都會更有效率且安全，因為我們可以站在平整的地板上工作了。

# 30

要價太低，往往表示能力不足或偷工減料，或兩者兼具。手藝就是這麼的單純，無關乎社會傾銷和勞工剝削。即使你付了合理的價錢，還是有施工品質不良的風險，但那是另一碼事了。若是如此，造成品質欠佳的原因，就不是價格了。

為閣樓做防火工程得花時間，偷工減料可以省很多錢，但閣樓若無法防火，蓋了也是白搭。

就像買了一部昂貴的大車，為了顧慮家人的安全，你會購買好的兒童安全座椅，結果車子的輪胎卻很爛，或是煞車老舊失靈。

這可以無限地類推下去。彷彿你是故意這麼做的，因為車子雖貴，卻比實際標價便宜許多。你對每個人吹噓低價買進，但你知道一定有哪裡不對勁。你不可能用破車的價格，買到一部狀況良好的勞斯萊斯。

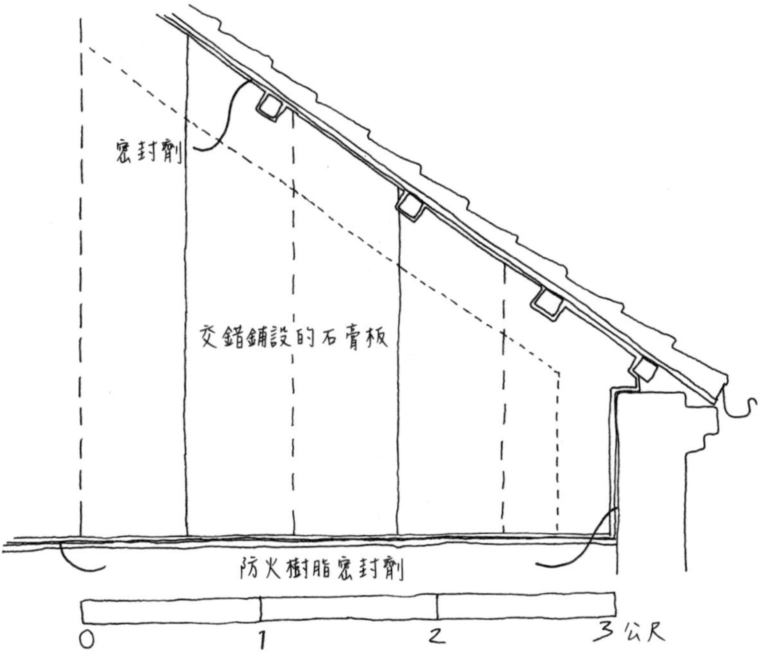


所以閣樓若容易失火，但很廉價——只要不著火便行，你會怎麼想？你一定不會想到「合理」這兩個字。

我們打算建造一面防火牆。除此之外，我們會在部分天花板及防火牆兩側釘石膏板，並為中間的夾層做防火工程。

現存的磚牆，區隔了公寓與其他部分的閣樓，被當成隔間牆使用。我們會把測量的結果，拿到閣樓裡施作。

在開始打造牆壁之前，我們弄了一道新的防火門，從舊梯井進入閣樓。公寓和閣樓的

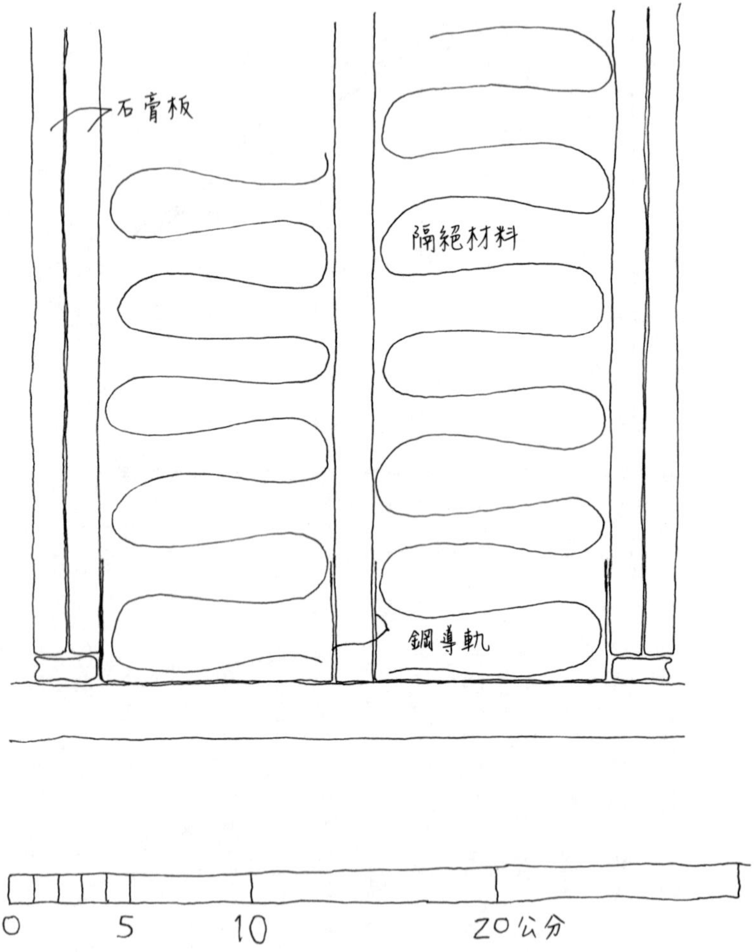
石膏板
隔絕材料
鋼導軌
0
5
10
20公分

其餘部分，被區隔成個別的防火單位，每個區間都必須有自己的門。

把火侷限在閣樓裡，以及我們即將打造的牆壁內，是根據所謂E.I.60規定而來的。實際的意思就是，火的煙氣或火焰在穿牆而過之前，必須能在牆的另一邊燒六十分鐘。

防火牆的打造方式有許多種，現有的磚牆即為一例。我們要打造一道一般構造的雙層牆（double wall）。簡單解釋，就是先弄一道牆：架設二乘四的立柱，牆的一邊加兩層石膏板，並鋪上隔絕材料。石膏板必須錯列，也就是說，必須部分交疊，才能在兩層的接縫拉開距離。外面的那一層要塗上石膏。

第二道牆的蓋法與第一道一樣，離第一道有一點距離。這兩道牆即為防火牆的兩面，同時具備隔音效果。

石膏板跟天花板及牆壁之間，會留下半公分到一公分的空隙，然後以防火樹脂填封空隙。密封劑的寬度和深度必須正確，才能發揮作用，防止任何煙氣滲透。擺置石膏板時，必須留出適當的空隙，這是打造防火牆最為耗時的部分，何況是在有許多櫄木的斜式屋頂下造牆。那也是最容易出錯的部分。

失火時，煙氣是最可怕的殺手，因此填補密封劑，是防火工程中非常重要的一環。就本案而言，做得好或做不好，僅有毫釐之差。

# 31

我睡過頭了，上班時趕得有點上氣不接下氣。這不是好的一週之始，所以我們坐下來東拉西扯聊了一會兒，才開始工作。開工時若有壓力，常會影響一整天的進程，所以輕鬆的小聊，可以減除壓力。丹尼已經下樓道過早安，客戶知道我們要開工了。彼德森夫婦告訴丹尼，他們想接受我們的建議，訂做浴室，還有他們天花板想用白楊木，壁面和長椅則用橡木，跟淡色的天花板形成反差。他們還希望調整 Ikea 的櫃子，安裝到夾層的斜頂下。這些都是很令人期待的美好工作。

我們打造出牆的架構，在安裝石膏板前，先做隔絕處理。為了較易施作，我們把板子放到兩個鋸木架上，做成像桌子的東西。

我們在第一塊石膏板上做標記、切割，牆另一面的石膏板則反著做。兩片板子必須完全垂直，因此得用準確的一面板子，去丈量其他板子。

在懸掛第一面板子之前，我們把板子的一半面積，複製到另一片新板子上。這是與第一面板子重疊的第二片板子，而且會從第一片板子邊緣突出六十公分，如此接縫處方不至於重疊。

接著，我們用螺絲拴緊第一片板子，然後從另一側拴緊第二片一模一樣的板子。我們開始打造下一段牆面，把半片板子複製到先前的半片上，那也是複製第一段牆壁而來的板子。如此一來，我們就可以拿一塊完整的板子繼續往下蓋。

切割板子、複製、安裝到位，再切割新的板子，我們就這樣同時覆蓋了防火牆的兩面。這種方法讓我們省去測量，重複地複製，不但省時，也更容易調整板子，避免失準。

這種複製遊戲，需要對工程有整體的概念，並且有系統地工作。若能準確施作，成果會很棒。我們的工法都可以公開討論。哪種工法最好？不過就像我的老東家說的，省下的時間，是沒辦法測量的。

我們用氣動矽膠槍（pneumatic caulking gun）把防火密封劑填進去，要填的密封劑很多，但有了正確工具，工作便能很快完成，也不必用手費力壓半天。有電纜或電線經過的牆面，我們得使用各種遇到高溫時會膨脹的密封劑，這樣萬一鉛融掉了，可以堵住洞口。

我們在防火牆兩側的屋頂板子上，加了一層石膏板，然後用密封劑填補與牆壁之間的空隙。我們很小心，不在天花板的石膏板上拴長的螺絲釘。犯下這種錯誤的代價非常昂貴，因為到時得鋪新的屋頂用油毛氈。也就是得爬上鷹架，拿掉掛瓦條、順水條及屋頂石板，才能摸到螺絲釘，把它換掉，然後再把所有東西鋪回去。光想到那陣仗，就讓人頭皮發麻。

防火牆現在完成了。閣樓被隔成兩邊，施工的工地是一部分，我們所談的閣樓，就是指這一部分。剩下的區域——儲藏室和乾燥間，則在外頭。自約翰初次與我聯繫後僅四個月，閣樓已經有了自己的樣子。

我們為夾層的樓層做防火措施，同時修理掛瓦條，鋪設粗地板（counter floor，譯註：粗地板上方會覆蓋正式完工用的木板），等完成後，我們就有新的小舞池了，我閃著燈，可惜丹尼這回不打算跳團康舞。

費迪克從門後方探頭看我們，什麼話都沒說。

「噢，哈囉！要來檢查啦？」門整個打開了，他們全家站在那裡。應該說，約翰站在那裡，因為詹斯乖乖由父親抱在懷裡。

「是的，孩子們想上來看一看，他們很好奇。」

約翰把詹斯放到地上，丹尼邀他們進來。

「來，進來吧。你們想看看我們在幹嘛嗎？」

詹斯點點頭，指著還不存在的臥室方向說：「我們將來會睡在那邊。」

「你看到我們蓋好的牆壁嗎？之前都還沒看到，對吧？」

他們的臥室現在被防火牆擋住了。費迪克走向牆壁，一副覺得很奇怪的樣子。而且他們的閣樓現在有地板了。

男孩們四處看了一圈，丹尼教他們如何拿起一小段石膏，在地上畫畫。儘管那樣會被石膏弄得有點髒，但不妨讓孩子們試試。我們幾個大人談著工程進度，兩個小監工則忙著玩自己的。

丹尼和我告訴他們，工程很順利，一切按時間表走。大夥商討他們希望浴室怎麼弄，以及天花板的花線及槽木等等。他們覺得那種作法太花錢，不知木匠能提供什麼辦法。我說他們還無法確定我能否做得漂亮，接著我跟他們保證會令他們滿意。現在我們彼此較為瞭解，可以稍微開點玩笑了。

營建會議結束了，丹尼和我稍微整理一下，但真正的清理等週一再做。我們這個星期做夠多工了，能把防火牆和夾層做完已相當滿意。閣樓裡亂一點無所謂，反正等我們過完週末回來前，沒有人會再跑上來。

# 32

「早安。」又是新的一週。費迪克和詹斯都感冒了，今天留在家裡。

我們整個早上都在整理閣樓，把廢料放到外面的廢料桶，清掃突出來的碎片。

有時我們會到班瑟咖啡館吃午飯，今天海格蒙斯路既然有人生病在家，還挺適合去的。丹尼想吃烤豬肉，我點了肉丸子和燉包心菜。

一些年長者的常客坐在老位子上討論打賭、政治和各種議題。在這裡工作的里安跟平時一樣逗樂大家，跟所有客人開著無傷大雅的玩笑。有個傢伙安靜地坐在門邊忙自己的事，沒人去吵他，倒不是把他給忘了，他也有受到很好的照料。

有兩位住附近的老婦進門來，不久便加入了老人們的討論。里安跟她們調笑，彷彿她們是兩位出門夜遊的年輕女士。我覺得這裡是奧斯陸最棒的食堂之一。

有食物與咖啡，我們談工作，也聊了點家常。

我對凱莉和約翰・彼德森的印象不錯，他們會主動把事情做好。例如約翰會去整理閣樓裡的纜線，我們同意簽合約時，一切都處理得井然有序。他們願意聆聽各式解決方案，也接受最後的決定。至少那是我得到的印象。

「如果他們有疑慮，都會坦白提問，這一點我很喜歡。他們問話的方式，不會像在指使我要如何施工，而且他們家的氣氛挺愉快的，跟孩子和大家的互動都不錯。」

丹尼也同意他們是不錯的人。

這樣的客戶知道自己要什麼，有清楚的想法，且結果如他們所願時，不吝表達感謝。替他們做事，很令人開心。

我們討論剩下的工作要如何著手。我很想開始做浴室地板，可是丹尼接下來想做天花板。天花板很耗建材，他想把仍放在閣樓裡的建材用掉，這樣就無須做不必要的搬動。先做浴室的好處是，浴室很費工，先從那邊起步不錯，因為時間會很充裕。我們最後決定稍後再打造浴室，時間應該還夠。我缺乏耐性是本能，我是天生的急性子，不過耐性是這個行業最重要的工具之一。閣樓的工程進行得很順利，但奇怪的是，壓力會在你最沒預期的時候爆發，即使毫無理由。幸好有丹尼拉住我，而且有趣的是，通常都是我攔住他。

我們兩人可以討論出最佳的做事辦法，而且有兩個人，更容易記住我們該記住的一切。也許我們意見相左，但不會有面子問題。討論一定有結論，也能做出決定，然後我們再將選定的辦法付諸實行——即使另一個人不同意。這是我的建案，所以我有最後決定權。若是丹尼的案子，他希望那樣做，就換我聽他的。我們雖是一個團隊，但其中一人得擔起老闆的責任。

每次我跟學院型的人士從事實務工作，學院與實務的分歧便分外明顯。他們受到的訓練更重視辯論，而輕忽結果。

建築工地的指示常快速直接到幾近命令。那些有學院背景的人被指使做東做西，也許會不高興或生氣。他們會在抬重物的途中開始討論，把大夥變成研究小組。

遵守一項決定或老闆的指示，跟屈從奉承是兩碼事。合力抬舉重物就是一例，大夥在討論結束後，做出決定，合力行動，不管我們是否還有歧見。紙上談兵跟實地操作的差異，非常明確。學院派人士或許較喜歡委婉的指示，可是工地沒那種美國時間。我常發現跟學院派的人工作很累，當然偶爾會有例外，遇到一些令人愉快的傢伙。

丹尼和我同意先從閣壁牆和屋頂著手。我們回想過去做過的閣樓改造案子、那時的談話，回憶我們通常是怎麼做的。回憶混合了嚴肅的專業和吹噓。我們充滿信心，就像去釣魚那樣，但我們對自己的施工方法也很挑剔。有沒有其他方式能讓我們做得更好？離開班瑟咖啡館時，我們已知道要如何著手，也知道要如何搞定間壁牆和屋頂了。兩人腦中轉著同樣的畫面。

暖空氣比冷空氣含有更多濕氣，淋浴後鏡子會起霧，就是這個道理。玻璃的表面使空氣冷卻，釋出濕氣。開暖氣的屋子裡，空氣比外頭的寒氣含有更多水分。當屋中的暖氣從屋頂和牆壁透到戶外時，就會變涼，需要釋放濕氣。我們必須確保浴室鏡子起霧的現象，在屋頂和牆壁上能得到控制。

在挪威打造房子，就要懂得這個基本道理。重大錯誤必然會造成嚴重的後果。如果工匠未能留心，房子可能會在短短數年內，便爛到核心了。

屋子外層一定會有防風遮雨的設施，屋頂上的石板片即為一例，或是外牆的嵌板。在這個外層背後應該要有一層空氣，容許冷凝的濕氣驅散。再後面是一道防風的材質，然後是隔絕材料。在這些層層保護下，最後面對室內氣候的，通常是一層塑膠布。使用的材料或有不同，但原則不變。

像這樣的建構方式，有些方面顯然不利於室內的溫度，但若做得好，室內溫度會相當宜人。很多時候，我必須對客戶解釋這些工法的關聯性。在天氣差時穿上適度的衣服，與我們施工時的概念類似；這種類推比用熱力學去解釋，要淺顯易懂多了。我們會在上方屋頂的掛瓦條和順水條上，鋪設新的石板。石板下的襯板或防水膜（membrane）能使屋頂防水防風，幾乎像 Gore-Tex 的夾克一樣可以呼吸。換句話說，屋頂的最外層已經完成了，丹尼和我要把天花板垂降下來，做隔絕工程，然後上石膏。

# 33

打造直挺方正的東西，比打造歪七扭八的東西容易。如果有了鉛錘、水平儀、直角尺和直線，等於有了可靠的起始。歪曲的東西亂七八糟，明明該直卻不直，弄得不均不稱，其實是很怪異的，因為裡頭並無邏輯可言。

正確的施工需要知識與技術，施作起來也容易。看到表面粗糙的完工，會讓我擔心底下看不到的地方的施工品質。我會開始懷疑隔絕與通風有沒有做好，或是結構裡是否潛藏著危險。

大部分人會說，粗心與偷工減料是施工不良最普遍的原因，但我不這麼認為。通常是因為不懂方法，沒有充分的時間，以及管理不良所致。如果你找來一名不夠專業的工匠，加上時間壓力和一個搞不清工作進度的老闆，那麼就很可能出錯了。若再加上語言不通與削價，後果必定不堪設想。

我們在閣樓裡直接開工，找了一個可以施作的起點。好的工藝始於最初的幾條白粉線、水平儀、雷射器和一把三：四：五的直角三角尺。萬事起頭難，因為得多方考慮，並做出各種決定。

為了評估工程，我們必須想得很遠。

沒算準的情況一定會有；這是無法避免的。經驗很重要，你會知道何時該花時間要求精準，何時該繼續往下做。丹尼和我對彼此的信賴，以及我們倆性格上的差異，也許是我們作為同事最重要的利器。我們會互補對方的優缺點，激發出兩種思維最好的一面。某一刻的正確想法，到了下一刻也許就是錯的。有些最過癮的工作日，是兩人經過激烈的討論，一天結束後，卻覺得雙方對工程都貢獻良多。碰到那種時候，我真的覺得自己快愛上丹尼了，因為他全然接受我這個人，同時又保有他自己。

錯誤無可避免，但一味忍受是愚蠢而不必要的。失準未必會造成問題，除非失準之處過多。東毒跟西邪撞到一塊，才會出問題，這是我的老東家以前常說的。他自己是位處東西之間的中神通。

經驗教會我們最重要的一件事就是——人都有缺點，都有知識的黑洞。這其實不容易，你怎會懂得自己不知道什麼，既然不知道，又如何防範？我什麼時候必須停下來，搞懂某些事情？上網查索，打電話聯絡同行、建築師或工程師？

瞭解自己的極限，是一名好工匠最重要的特質。

這一點必須透過練習去學習。我可以這樣教徒弟，可是他依舊得透過時間與實務才能學會。

犯錯是學通、學會的最佳途徑。你會從錯誤中瞭解到，清楚自己所做的事情有多麼重要。一個能讓你學到技藝的好公司，是那種可以容忍犯錯、同時能監督學徒從事的工作、使錯誤不致擴大的公司。

一位優秀的專業工匠，身上往往奇怪地融合著自信與不確定感，就像某種特殊的分裂人格，彷彿他們的自信，得依靠不確定來建立。他們渴望避免錯誤，那種渴望源自於源源不絕的疑問。這些問題來自於他們的經驗，協助工匠發揮自己的潛能。

我的老東家說，一個打造出歪七扭八東西的人，不是太過自信，就是信心不足。他的實力堅強，有如一大塊花崗岩，我跟他討論時根本扳不倒，頂多只能敲掉幾塊碎片。老東家跟自己討論時最是厲害；我過了好一陣子，才明白他對自己比對別人要求嚴格。他是一塊能讓人穩穩依靠的大花崗岩。

# 34

我們直接從現已整平的地板開始。我們利用屋脊中央，把點式雷射測量器擺到屋脊底下，找到每一端的中央點。然後用一條粉線將兩個點連成一線，在地板上標出屋脊的位置。接著，我們從地上的這條線，一路量到間壁牆，畫一道跟第一條線平行的線，標出間壁牆的位置。另一道牆將設在浴室裡，但我們暫且不去管它。

間壁牆在這類改裝中，是非常特殊的一部分。原本通風而開放的閣樓，將搭起牆壁，架上天花板。間壁牆是磚牆、屋頂椽木及屋頂板的交會處，很容易發霉或乾朽。木頭發爛已經夠糟糕了，若是乾朽，將很難收拾。屋子要是沒蓋好，最慘的狀況，等於是為微生物蓋一間乾燥室。問題不在於會不會壞，而是何時會損毀。

牆壁的防風防潮工作需仔細做好，以防濕氣入侵。除此之外，還得有適當的通風。我在隔絕材料與磚牆之間，留了特別寬的十公分空氣腔，而非一般的五公分。將新鮮空氣導入空氣腔很容易。我雇人在磚牆上鑽洞，工人從較易工作的閣樓裡去鑽。這道工序得在改建初時完成，因為鑽洞時，用來冷卻的水所造成的髒亂，較容易處理。

這些孔洞使空氣腔享有良好的通風。等這些洞鑽完後，得從外面用鐵格子蓋住它們。這得動用車載升降台，不過不急，我們會等稍後雪融了、屋頂上另一份工序完成後再說。

我想到建案說明中，並未提到間隔牆通風的事。我當然知道那是必要的，但我忘記檢查了，我認為這筆費用應該由彼德森家出。我跟約翰提這件事時，他有點不高興；我發現提到這部分的施工及收費時，他滿臉不願。我們得盡快做決定，這點他倒是同意，他說他會立即打電話給建築師。

丹尼和我繼續手上的工作。我們調整計畫，讓牆上的防風層能夠打開，在牆上鑽洞，等鑽完洞後再緊密地封上。

我們很仔細地處理地板底下與磚石相接的地方，以免造成「冷橋」（cold bridge），也就是一處將戶外冷空氣導進來的區域。我們把牆壁的支柱立在地板上的鋼導軌裡，緊緊固定在上方的屋頂椽木。現在這面牆，成了我們在屋頂上施工時的穩固基礎了。

我們在牆壁的兩端，從屋頂往下量三十公分，然後標示到支柱上。這就是天花板加隔絕材料的厚度。天花板歪了，所以我們調整之前畫的兩個標記，讓它們對齊。我們用粉線沿著整面牆壁的長度，在所有支柱上畫出一道橫線。天花板和牆壁之間的角落或角度，都會沿著這條線去做，而且現在已經完全拉直對齊了。

我們沿著在間壁牆的架構上所畫的線，拉了一條可彎式的鋼帶，並在天花板與牆壁相接的「角落」裝受釘條。鋼帶只有十公分寬，中間鑿了孔，我們可以將鋼帶折成任何想要的角度。我們講到鋼材時，還是會用「受釘條」（nailing strip）這種說法，雖然實際上是要拿來上螺絲和石膏板用的。這種方式打造出來的「角落」非常穩固，不會造成石膏板間的斷裂。

鋼條就像天花板的基石，很容易在上頭施工。

天花板有個三十六度的斜度，從山形牆開始打造挺不錯的。我們把一根二乘四的木條固定到間壁牆的鋼帶上做基礎，然後用魚雷型水平儀測出三十六度角。我們在房間另一端的防火牆上依樣畫葫蘆。在每根二乘四木條的頂端和底部，用釘子固定一條離木條表面一公分的線，然後沿線調整二乘四木條，直到擺直為止。天花板現在由底部的鋼材劃分開來，側邊則是二乘四的木條，這樣到了週一，我們便能直接施工，不必多費周折。

我們收工準備過週末了。丹尼先回家，我則留下來跟彼德森夫婦稍稍檢視目前的進度。凱莉的父親過來看看施工狀況。他們送了咖啡和丹麥麵包到閣樓。這是我第一次見到凱莉的父親，但凱莉之前告訴我，她父親已經上閣樓看過了。他說我們的工看起來很不錯，據說語氣頗為讚賞。現在他看到一些施工時的照片，以及梯井的工程，便稱讚我們打洞時，避免灰塵把下方公寓弄髒的方法很棒。我們聊著未來的施工，他則問我們一些細節，例如浴室地板及牆壁的防水膜結構，但我們大都聊著全部完工後的模樣。我為自己漏掉間壁牆通風孔的事，向凱莉及約翰道歉。他們表示事情太過繁雜，疏漏難免，可以理解。凱莉說，這種對話包含的項目，遠遠超過她的想像，所以我會有所遺漏並不奇怪，鑽孔的費用不會有問題。

詹斯和費迪克四處亂跑，看著各種工具和材料。我借了他們一把錘子和幾樣其他東西。他們在小木塊上畫著，敲敲打打，討論他們要做什麼。

「做一艘船。」詹斯說。他找到一塊邊材，有一頭被裁成一個角度。詹斯把一小塊木頭放到上面，當成舵手室，大人也都看明白了。費迪克揮起錘子，用一根釘子，加上外公的幫忙，就把木塊釘好了。我告訴他們，可以在他們未來的房間區塊隨意畫畫，兩兄弟便拿鉛筆畫了張床，放在他們覺得應該擺床的位置，還畫了一隻將跟他們住在一起的搖搖馬。跟彼德森家的建築會議結束之後，他們在閣樓裡又逗留一些時間，我則打道回府。

# 35

悠閒的週末在週一早晨戛然而止。我在鬧鐘響後半個小時醒來，我不能再睡了。春天已悄悄溜近，但我依然感受到長冬的餘威。

我照例把頭探進門裡打招呼。孩子們見到我便歡呼大叫，非得讓我看他們放在客廳地板上的船才放我走。他們加了一根桿子和帆，是外公幫他們做的。孩子們告訴我，他們春天時要去小木屋邊放船。

「或許你們也能在新浴室的浴缸裡放船？」我建議道。

他們覺得那點子很讚，然後我就上閣樓了，讓他們接著來回討論浴缸和帆船的事。

丹尼和我繼續打造天花板。我們在頂端的屋脊旁邊弄了臨時的受釘條，並沿著受釘條的兩端，拉緊一條繩線。

我很高興自己訂購了加長的二乘四木條，能從屋頂尖伸到屋頂腳。我們可以輕鬆地把木條安置就位，以木條中心為準，各間隔六十公分，沿著上邊的結構，距離鋼條基石下方六十公分。等我們利用橫拉在斜頂天花板中央的線繩，將所有的二乘四木條對齊後，再將它們牢牢固定到屋頂椽木間的結構上，如此便能夠做出誤差最小的吊式天花板（dropped ceiling）。

我們把之前標記在地板上的屋脊線，拷貝到受釘條上，沿線裝上屋角，並且把天花板裡沿著內屋脊的受釘條安裝完畢。這條新的內屋脊會成為另一側天花板傾斜的起點。

我們費時多年，才想出這種吊式天花板的工法，我們沒聽說有其他人使用同樣工法。我們做樓梯開口的方法，以及幾乎我們所有的工法，都是這樣錘鍊出來的。我們從其他工匠那兒學來一部分，丹尼和我再進一步改善這些點子。課本裡沒有教這些事，典型的工藝都是在實務中解決，因此工匠必須自行尋找解決辦法。如果我遇到一個有更好辦法的人，定會歡天喜地地修改原本的方法。

我有我自己的經驗。從他人身上學習固然重要，但經驗是很個人的，你可以說，它已成為我人格的一部分了。若能轉世，我寧可世世投胎為匠人，吸收每次的經驗，也不想成為什麼達官貴人。我打現在起再投胎幾世，便能把木工學得爐火純青，但我希望每一世都有個健康的背脊。

屋頂上的施工複雜度，從涉及的工具數量可見一斑。我們動用了魚雷型水平儀、點式雷射測量器、雷射距離測量器、捲尺、摺疊尺、曲尺、粉線、繩線、直尺，以及寫單位用的鉛筆。

測量、計算與精準等詞彙，很容易作為生活的隱喻。凡事過度要求精準，不是什麼好事，但馬馬虎虎也一樣。各行各業對精準的要求不同，鐵工的精準在百分之一公釐以下，我的精準要求是公釐與公分，泥作師傅的精準範圍比木匠又更大。工匠的精準也得看情況而定，不同的工作階段，需要不同的精準度。

手藝講求精良準確，這不是教條，而是一種必要。我在職業生涯中遇過少數幾人，對精準抱持著詭異的態度，他們幾乎把對準確的要求，視為侵犯個人自由。這些人自以為瞭解自由。套句挪威的老話，他們「啥都往肉湯裡倒」，還以為精良工藝的傳統作法，就是服膺權威，向權力屈從。他們想擁有即興的自由，但在我看來，其實是想任意而為罷了。這些人手中絕對出不了細活。

肉湯的比喻大概源於廚房，堪稱是一理百通，因為你若在專業廚房惡搞這些基本食材，結果一定很難吃。烹飪領域尤其強調技術性的紀律，許多大廚看似瘋狂，但千萬別讓他們的表象騙了；最優秀的大廚，都是拔尖的專業人士。也許這份職業的難度、高壓的工

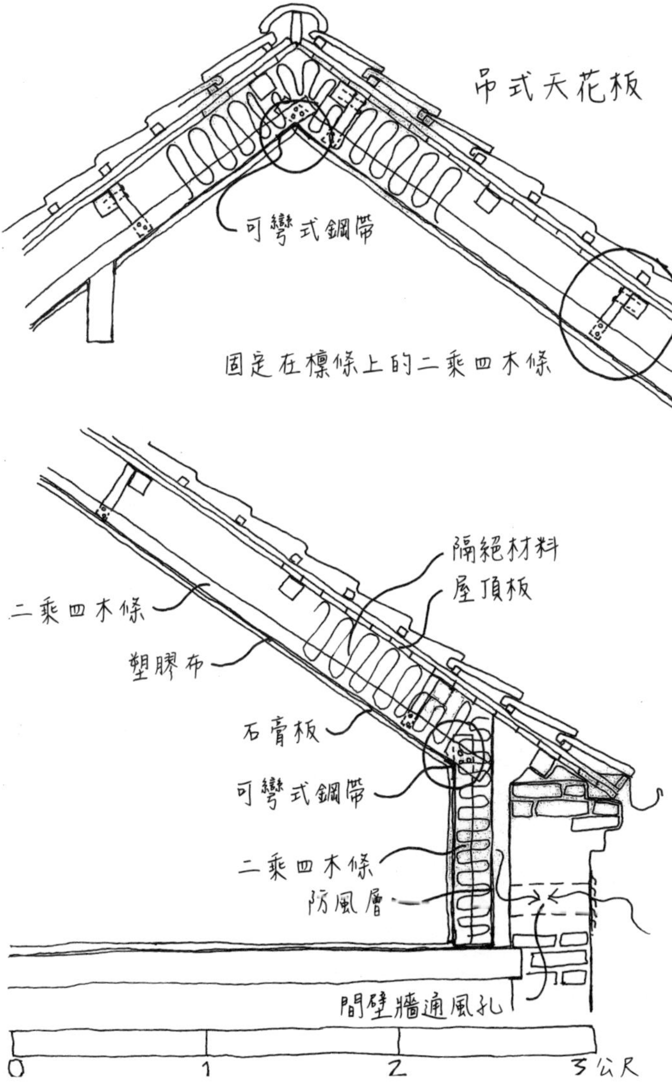
吊式天花板
可彎式鋼帶
固定在檁條上的二乘四木條
隔絕材料
屋頂板
二乘四木條
塑膠布
石膏板
可彎式鋼帶
二乘四木條
防風層
間壁牆通風孔
0
1
2
3公尺

作環境、緊迫的時間與節奏，對他們造成了影響，或者是職業本身吸引了臭味相投的人。

為了跳脫工藝的規範，你必須先知道什麼是正確的。缺乏這種基本知識，就會變得跟樂透彩一樣隨機。

工藝最棒的地方，就在於工藝混合了獨立的風格、專業的權威，以及工藝本身的紀律。

# 36

堆疊的建材慢慢減少了，那是件好事；它們變得愈來愈不像是隨機擺放的物件，而是完工的成品了。三月底，閣樓的樣貌，與約翰．彼德森十一月第一次打電話給我時，已大不相同。鳥兒開始在外頭鳴唱，我那整個冬季，隨氣溫變化時好時壞的濕疹也幾乎痊癒了。春天即將到來。

我們需要新的建材；材料開始不夠用了。我們沒有足夠的建材，把整片天花板吊放到浴室那一側，只有足夠的材料打造最重要的部分、架構及部分的間壁牆。

我們用手邊的建材盡可能地施工。許多地方都得裝上小的受釘條，我們使用邊腳料，以及打造間壁牆和吊式天花板時剩下的邊材。廢料是浪費掉的錢，把它當成垃圾，就得運走。若善用巧思，減少浪費，省下一尺又一尺的建材費，也是我們對資源及環境最直接的貢獻。若化成夢裡的場景，便會有隻巨大、滿面笑意的豬仔撲滿，而我往裡頭攢的是廢料，而不是銅板。為了讓這場夢更加環保，還可以是一頭放養豬。

間壁牆的通風設計獲得了首肯，彼德森家願意支付費用，真是令人鬆一口氣。我們沒有來回地爭論，約翰反正弄妥了。當我在電話上告訴他，我需要建築師用電郵寄一份解決方案的說明，寫出孔洞尺寸、數量與位置時，他差點沒發出哀吟。建築業就是這樣玩的，你得小心保護自己，我無從選擇，只能拿這件事去煩他。

我打了電話給猶卡，問他能不能來鑽通風孔，雖是臨時通知，但他能來。其實，我在問題一出現便打電話給他了。猶卡替一間大型營建公司做事，但我直接跟他合作。和不同公司的人打好關係相當方便，會更好辦事。有時他們好像挺同情我們這種小公司，會過來幫點忙。

猶卡拿出大電鑽，沒想到一大早鑽頭就卡住故障，得回去拿替代品，還堵了一上午的車。猶卡幫我把事情辦完後，尚有漫長的一天，因為他得繼續把另一份工做完。他表面上用瑞典話罵了幾句，但心情還不錯。我確定防風罩封妥了，準備為間壁牆做隔絕工程。

湯瑪士週五早上過來裝水管。他人很好，擅長自己的工項，也很好相處。但這位老兄很容易受傷，尤其是下班後；他常在試工具或其他不熟的機具後，身上得打石膏或包繃帶。電刨機即為一例；我連想都不敢想，一個水管工會去用電刨機，這兩件事根本湊不起來吧。我們已經拆除完畢，鑽好洞，做好準備工作了，湯瑪士可以直接施作水管。

他將淋浴間的排水管及馬桶排放管裝設好。

所有的主要排水管、污水管都需要做通風。沖馬桶時，水從排水管流下去，馬桶裡的水道會有個吸力，水道裡若沒有水，污水的惡臭便會漫進公寓。保持污水管的通風，便能避免臭氣四溢。把通風管拉到屋頂上方，讓氣味吹散，就不會薰到任何人。我們會在穿透屋頂的管子上面加蓋。湯瑪士把這個階段該做的做完，然後浴室就等著丹尼和我施工了。

打造浴室很費工，需要結合許多領域的專業技能。我們大家全跑不掉：木工、水管工、電工、泥作、油漆工，以及防水膜專家。每個人都會軋一角，而且得按正確順序施工。我們打造的這種新浴室，一間要價二十五萬克朗。呃，其實還要再貴一些，因為地板、天花板及牆壁必須預先施工，是整體閣樓改裝的一部分。

工匠聊天時，常談到人們蓋浴室後引起的混亂。如果有人喊出建造相同的浴室只要價十四萬克朗，那麼蓋出來幾乎都沒有好下場。試問另外的十一萬克朗要從哪裡省——是建材？還是薪資？

我們會用扣環緊緊鉗住一片斜至地板排水管的防水膜，這就是地板的防水工法。強納森跟我講過一個故事，有間新浴室，因為防水膜被夾到排水管外頭，他只得整個拆掉重蓋。

這種事比大家想像的還要普遍。我們在彼德森家浴室施作的水槽、洗衣機和淋浴排水管，都設在有一層特殊隔絕材質的防水膜上，以確保水管不會漏水。灌水泥用的鋼絲網鋪在水管上方，地板下的加熱纜線也繫到鋼絲網上，地板灌漿時纜線才會位在中間，確保熱氣均匀分散。淋浴間的瓷磚得鋪出一個斜度，讓淋浴的水流入排水口，而浴室的其他地面則往主要排水管斜去。人們會抱怨浴室積水，通常是因為瓷磚沒有朝主排水管傾斜。

週五，吊車會吊來一批新貨；建材已經訂好了，再次由史文操控吊車。

這回的建材量比上次還大，因為所有屋頂牆壁的隔絕材料都放進來了。隔絕材料放到儲藏室的繫梁上，以及任何有空間的地方。我們運來淋浴間的隔板、石膏板、扣件、黏合劑、密封劑、塑膠布和許多雜件，還有強納森要用的浴室瓷磚和灰泥。這趟吊車用得很划算。

地板用灰泥大約重一．二噸；幾乎是五十袋二十五公斤裝的分量，爬樓梯到閣樓得跑五十趟，加上扛瓷磚和需要的黏合劑，差不多得再多跑五十趟。

這次我們沒做垃圾分類，所有垃圾都倒進一個廢料桶裡，比用兩個半滿的廢料桶來得便宜。可是桶子還是沒有裝滿，於是彼德森夫婦把他們自己的垃圾也倒上去。約翰今天提早下班，把他們想丟的東西清出來，巴德幫他抬沙發跟其他較大的物件。

現在我們手邊有很多工項和新材料可以忙了。就目前已完成的一切，加上補充的建材，我們有信心能順利施工。每個人都值得拍拍手。

今天我們要吃蛋糕，我到阿森葛塔（Åsengata）的糕餅店買了肉桂捲和奶油麵包。湯瑪士到漢森烘焙（Baker Hansen）訂了千層派。我們很少這麼多人聚在一起，加上適逢週五，大夥決定小小同樂一下。約翰幫我們煮咖啡，一群人就坐在成堆的建材上喝下午茶。

又一個星期的施工結束，我封掉屋頂上的洞。這將是我這陣子第一次真正在週末休息，連文書工作都不處理。

星期六，奧勒跟我一起去休倫朗德半島（Hurumlandet）釣鮭魚。天氣預報保證晴朗無風，因此我們將之稱為今年首次的「正式」旅遊。我們倆今年初都釣過一些魚，但我們把這趟旅遊視為過渡到美好春釣的開始，兩人信心滿盈——但魚兒並不會因此咬餌咬得更凶。釣魚時，信心很重要，就像工作一樣。

奧勒老認為其他釣點比他現在站的地方更好，所以經常遷動，還專找難走的地方鑽。這回他從一顆石頭往下踏，深度沒抓準，一腳踩空，結果水都淹到他腰際了。這是我第一次看到人家靴子裡灌滿冰冷的海水，被寒意刺得像陸上的鮭魚一樣張口喘氣。我們把他的靴子倒空，剩下的咖啡都讓給他喝；回車子途中，我一路狂笑。雖然我們沒釣到魚，但這一趟的故事也夠精彩了。

# 37

週一早上我跟彼德森一家打過招呼後，展開一週的工作，釣魚之旅令我神清氣爽。這是今年我第一次騎單車上工，去托索夫的上坡路很難騎，但以後會變得容易些。從現在開始到夏天，選擇單車或貨車會成為我每日計畫的一部分。工作當天若需要用車子，我就開車，否則便騎自行車，當然啦，除非我太懶。

騎單車給我自由感，不會依賴車子或大眾交通工具。一天結束，抬腿跨過單車橫桿時，比坐在車子方向盤後，更有收工的感覺。

浴室的長邊就是間壁牆，長方形的空間約有十平方公尺。浴室一頭的浴缸會貼著山形牆，馬桶和淋浴設備將擺在另一端，也就是現存梯井附近的牆邊。我會在間壁牆邊架個台子，放洗衣機和烘衣機，而且台子下方會有一些儲存空間。門和水槽則設在區隔浴室和閣樓起居空間的牆壁旁邊。

我在地上鋪了纖維板，讓我們倆能在浴室裡工作。浴室現在被隔開了；我們把閣樓其餘地方當成我們的建築工地。丹尼原本忙著弄閣樓天花板上的小受釘條，但現在也跟著我一起打造浴室了。

我懸吊天花板，打造牆壁的結構。地上的防水膜打算全拉到牆壁二十公分的高度，然後用防潮板覆蓋，一路往下蓋到水泥地板。現在一切就緒，就等明天防水膜專家到來了。這個階段的工程，得在小面積上大量施作。浴室、小受釘條，以及其他瑣碎的事宜，占掉這星期大部分的時間，包括週四一整天。我們持續慢工打造細活，現在本人的耐心可與聖人相比了，丹尼也不遜色。

我們緊密合作，邊做著各種細活，邊天南地北地聊著。細作不特別費勁，因此這週過得相當愉快放鬆，只要我們不因為沒什麼進展而灰心喪志就行了。

星期五，丹尼留在家中處理文書，鋪防水膜時產生的煙氣實在不怎麼好聞，最好離遠一點。我早上去露個臉，告訴工匠需要做什麼，之後裝樓梯的木工跑來測量。防水膜工花了一點時間才準備好，所以我們趕緊利用空氣仍然無害之前的空檔測量。

昨天離開前，丹尼和我移開了遮蓋新梯井的纖維板。我拿掉隔絕材料，然後掀掉蓋在樓下公寓天花板洞口的石膏板，也就是丹尼和我用來測量的那個小洞。樓梯工站在下方，測量公寓地板跟閣樓地板之間的高度，連公釐數都寫下來。我把石膏板放回去，填回隔絕材料，樓梯木工再幫我把纖維板擺回原處。

黏膠的氣味愈來愈嗆了，我只得回家，親自趕一些文書工作。

那天稍晚，我過去測試防水膜，在浴室地板上放水。放水前，我先把一顆像氣球的東西放到排水管裡，然後充氣。我從樓下公寓的淋浴間接水管取水。浴室地板成了一個水深十五公分的小游泳池，而且得維持一夜，才能確定不會漏水。

約翰和凱莉上來查看淹水的浴室地板。我跟他們保證，我們真的很重視防水工程。

週六下午我跑去檢查。水面沒有下降，也沒有其他漏水的跡象，我便拿掉氣球，排乾地板的水。

# 38

「你要是不參加，就沒辦法贏了！」我的老東家從小賭馬，這是他週一早上常用的招呼語。現在換我了。

畢恩．歐拉夫星期二要來鋪地暖系統。強納森星期三要為浴室地板灌漿。在水泥乾掉之前，浴室的木作已經完工了，我們不能冒險破壞防水膜或地暖的導線。

丹尼週末扭傷膝蓋了，但還是可以做些細活。我們把最後的受釘條裝上去，我負責弄高處難裝的地方，這樣丹尼就可以待在低處。他僵緊的膝蓋和受限的行動，惹得我喊了他一天的「活殭屍」。我跟他說，不管他只剩一條好腿，還是兩條都沒事，其實差別並不大。

威盧克斯公司的天窗有一種型號有精美的鑲板，可當場安裝，但我並不喜歡。我城裡的客戶很少會選用這種天窗，因為看起來太制式，有乏味的白色表層和柔和的曲線，而非分明的角度。更有甚者，鑲板與天花板相接的地方設有圈邊，我比較喜歡石膏板切出來的利索線條。就視覺上而言，閣樓裡面的東西太多了，有桁條、斜頂、各種角落與砌磚，因此保持單純是最好的選擇。事實上，我們會用我喜歡的方式，把窗戶鑲板做到石膏板中，但決定的人不是我，而是凱莉和約翰想要這種工法。

市中心的建築文化和車程二十分鐘外的地區，有很大的差異，而且距離愈遠，差別愈大。威盧克斯鑲板套組即為一例，離奧斯陸中央車站愈遠，這樣的套組就愈受歡迎。天花板鑲板和模仿木料的中密度纖維板（MDF, medium density fiberboard），也是在城外更受歡迎的兩種產品。市區的人認為塗漆的石膏板是好東西，鄉村地區則覺得無趣。

造成這種差異的原因不少，經濟是其一。離都市愈遠的房子，價格通常更合理或便宜。有時手工的費用遠高於成品，因此比起住在每平方公尺價格更低廉的居民，都市人可能更願意花錢在昂貴的公寓上。

營建業也是部分原因。城市裡不僅有更多客戶，客層範圍廣，且有更多工匠，工藝水準相對較高，能製作的東西，也比在僅有少數工匠的小地方多出很多。

這也跟品味有關。都市地區受高等教育的人較多，才會稱為文化之都。都會區的人不要平凡的住宅，在他們眼中，中纖板很一般。矛盾的是，許多搭短程火車便能快速離開奧斯陸市中心全新漆白的歌劇院的郊區居民，反而覺得素白的灰泥牆很沒看頭。

我個人較偏愛灰泥，但我可以理解那些喜歡中纖板的人。我雖住在奧斯陸東邊的托允，但原本來自鄉下，可說是夾在兩種文化之間的人。不過身為工匠，我和工藝以及請我提供手藝的人密不可分。就像人家說的，一個住家最重要的，就是住在裡面的人能有地方掛他們的帽子，而且住得開心。

窗戶鑲板上的受釘條很難裝，天花板在填裝絕緣材質後，現在變得很厚。窗子的鑲板相當深，我們把四側削斜，增加內部開口的寬度，讓更多光線透進來。開口的頂端呈水平，底處為垂直，最後的樣子頗像古堡城垛上的槍眼。

我們把石膏板削出鑲板該有的角度，把這些模板放到鑲板的溝槽裡，再依據這些模板把受釘條安上去。我們只要搞定一個，就能做出所有窗戶的鑲板角度了。

鑲板應該會很漂亮，但窗戶四周還是得填充隔絕材料。由於周邊削斜了，填料的空間就變少了。我們變通辦法，用彈性鋼帶作為受釘條。鋼帶不會占去隔絕材料的空間，施作起來快速又準確。

給窗戶裝受釘條這類的細工相當費時，而且客戶會覺得看起來沒什麼進度。我還滿喜歡且戰且走地處理這些細項，但丹尼往往較沒耐性，急著想趕進度。他寧可等之後再處理這些零碎的事，先做些看得到結果的工項。其實只要我們的產能夠，做什麼都無所謂，但我覺得遇到細工，先把它做完，就算解決一件事情了，也會更清楚大致的狀況。在細節上一次琢磨太久的時間會很無聊，因此最好將細工分次做。

我們工作時客戶並不在場，看不到我們在做什麼。最耗時的工作，往往也是那些客戶不懂為何需要做的工。到時，他們可能會以為我們辜負他們的期望，偷懶怠工了。所以我一定會一直向他們報告，我們究竟做了些什麼，甚至誇大我們的疲累挫折，因為工作太花時間了。

若是工作本身耗時，那就更該讓客戶瞭解我們有多努力。偶爾，我會因客戶看不見或不瞭解我完成的工作，而與客戶起衝突。缺乏瞭解，看到任何費用清單都會覺得貴得離譜。沒讓客戶清楚明白，是我的錯嗎？也許，可是跟不懂建築的人解釋，真的不容易。

彼德森夫婦一直很擅長發問，會審慎考慮他們面對的問題。他們迎向難題，必要時做出決定。每次我想讓他們看我們在忙什麼，他們就會跑來看，因此我們的立場很一致。

凱莉和約翰要跟建築師賀洛森一起過來，希望他看看迄今為止的工程，確保施工正確。建築師的到訪，能針對最重要的工程，給彼德森夫婦一份獨立、專業的看法。我表明歡迎他來訪，我們在電話上談過幾次，我也解釋過工程狀況，說明我們在過程中選擇的一些工法。建築師和彼德森夫婦跟我談過後，覺得自己沒有必要過來，因為一切都在掌控中，畢竟那還得多花錢。建築師實地視察要算時薪，因此一切若沒問題，便成了不必要的花費。可是凱莉與約翰還是希望他走一趟，說那樣才能讓他們安心。

賀洛森和我討論在閣樓所見的情況，以及我拍下的照片，凱莉和約翰在一旁聽著，時不時地提問。我們特別關注支撐結構、浴室和間壁牆等幾處看不到的工程，因為若施工未臻妥善，後果最嚴重。照片在此時變得十分便給。

建築師在畫好設計圖後，我們已同意工程的區劃，所以我向賀洛森講述一遍施工的工法、浴室內部的裝潢、天花板的白楊鑲板、夾層用的客製化 Ikea 家具等。建築師認為改裝的結果會很不錯，並稱讚工匠到目前為止完成的施作。雖然要做的事還很多，但我們的進度很順利，且按照設計走。賀洛森看過的建築工地無數，他說我們做得很好，方向正確。這下客人便放心了。

對我而言，這次視察可當成一種行銷。賀洛森親眼看到我們的施工，將來很可能會向他的客戶推薦我們——如果他喜歡的話。

丹尼和我忙著裝受釘條時，畢恩・歐拉夫跑來鋪浴室地板的加熱電纜了。鋪完後，他又繼續安裝天花板裡的電纜管，管子裡已經裝線了，所以之後他就不必再接線。畢恩・歐拉夫輕鬆地把這些管線安裝到吊式天花板上的二乘四木條上，並將管線夾緊、固定，以免懸晃或鬆脫。

如果電纜管的安裝處離結構外圍太近，過於接近冰冷的牆壁或屋頂，那麼管子裡的空氣可能會變冷而積聚濕氣。這形同漏水，水會滲入接線盒內。不過萬一碰到這種情況，管子四周包裹的隔絕材料相當厚實，並不會產生讓電纜管暴露在冷空氣中的危險。

畢恩・歐拉夫在有插頭、插座、燈座的電源處，都裝了匯集電纜管的盒子。這樣除了能控制它們連接的電路，整體的管線網絡也相當分明。電線裝配的法規是十分嚴格的。

我總是跟電工說，他們的工作很輕鬆，就只是加加減減而已。當然了，其實電工並不輕鬆，但他們活該被罵，誰教他們到處丟下一段段的電線。我的理論是，電工從當學徒的第一天起，就努力學習把工地搞髒。

彼德森夫婦聽進了建議，要裝設充裕的電源插座，避免使用延長線，此外，他們還希望把公寓裡的舊電線全部重新拉過。等畢恩．歐拉夫完工後，他們便會有一套升級版的電力系統了。

星期三，強納森領著他的學徒古斯塔夫，帶著強制式混凝土攪拌機過來。那是非常沉重的工具，但他們有兩個人，所以還使得開。強納森很開心他們要用的材料早就用吊車吊上來了，但古斯塔夫也許更開心，因為他顯然是主要負責扛重的人。

我不確定在營建業裡，泥作匠比較辛苦，還是木匠更操，不過泥作匠的很多工項都相當辛勞，他們經常得舉重物、扛重物。我把這兩門行當看成兩兄弟，鐵工則排行老三，說不定我們應該是姊妹？我們的行業有悠久的傳統及許多共通性，都需要勞動與技術。

強制式混凝土攪拌機對這種小型工程來說相當好用，能把水泥拌得很均勻，那很重要。有些泥水匠把水倒進袋子裡，以為只要裡面的水泥夠濕，就算拌好了。很多浴室都是這樣蓋出來的，但其實效果並不優。

水泥的水量錯誤，會造成嚴重後果，重要的是，還得把氣溫考慮進去。水泥若乾得太快，會造成邊緣掀翹，與牆壁的銜接處隆起。而且袋子裡的內含物不太一樣，光用量桶，不能保證拌得勻，必須親眼看到水泥正確攪拌才行。

這些都是重要的考量，若犯下更多錯誤，只會加重問題。知識得慢慢累積，有時個體戶工匠和泥作業本身，都會為此付出極高的代價。

泥作匠的失誤，不僅會造成建物歪斜或不夠垂直，還會產生其他問題。泥作師傅得用到化學物，跟廚子與醬料有些類似。

他們鋪水泥時，朝排水管鋪出斜坡，並在淋浴間弄出一個約瓷磚厚度的凹處。強納森掌控著一切，他的學徒則在一邊學習。強納森把鋼絲網抬高，讓網子嵌在水泥層中央，此舉對強化十分重要，而加熱電纜在加熱水泥層時，效果也較佳。水泥地必須鋪得緊實，任何氣囊，都會讓裡面的電纜過熱，造成損壞。

強納森在地上鋪了一層塑膠布，讓混凝土正確地乾硬，但不致乾得過快。明天我們會在地上灑水，潤濕水泥，再把塑膠布鋪回去。

# 40

星期四，我租了一架車載升降台，以便裝設屋頂上的三個通風口蓋，以及間壁牆空氣孔上的鐵欄。這得趁我們為屋頂內部填充隔絕材料並封起來之前做好。

我去取升降台時，丹尼在屋頂上打洞，準備裝通風口蓋。丹尼可以從屋內打洞，他在裁切後，挪走屋頂的板子，剩餘部分則等我回來再處理。屋頂的石板鋪在橫向排放的掛瓦條上，順水條則垂直而行。當底下的屋頂板拿走後，他就能從閣樓內，輕輕地把石板搖到一旁，移開兩種瓦條不需要的東西了。我會站在下面街上，確保丹尼在做這件事時，沒有人從下方經過。路人被屋頂石板砸到頭，對我們來說是負面廣告。這種事我們不必上課就知道了。

我這個人懼高，因此得靠丹尼來搞定升降台。他毫無懼色，至少在我看來如此。我很高興丹尼可以在高處工作，因為不管你付我多少錢，我就是沒法坐到升降台的吊籃裡。

丹尼在上頭時，我留在屋裡透過屋頂的洞口，把他需要的材料和工具遞給他。通風口蓋和夾板箱都做好了，準備裝上去。我們調好正確的角度，牢牢地將它們穩固住。

鐵工彼特跑來測量為屋頂另加的襯板。他會在工廠裡把這些做好，明天拿回來在屋頂的石板上調整，然後裝上去。這段期間，我們先用毛油氈紙覆住箱子，確保屋頂安全地封實了。丹尼也已經把鐵欄裝到間壁牆的通風口上。

週五早上彼特回來，把屋頂上的工項做完，離開時順便將升降台帶走，回家途中把機器還給出租公司。能把那擋路的機器弄走，實在太好了。

水泥已經夠乾實，我們又能繼續浴室的工作了。

浴室裡的間壁牆會是一道雙層牆，這道牆一定得蓋好。最外層的牆壁鋪了隔絕材料，且跟閣樓其他地方一樣，覆上了聚乙烯。我們會在這道牆的內側搭建浴室牆壁，因此會有一道浴室牆和一道禦防各種氣候的牆壁。這兩道牆壁之間，不會填塞隔絕材質，因此兩壁間的空隙，必須做好通風，否則濕氣會凝聚。水管工和電工在我們把牆壁和天花板隔離之前，會先完成他們的工作。

兩道牆之間會鋪設水管。水管連到一個水管接合箱裡，各水管再接到浴室不同的設備上。

水將透過管套管系統（pipe-in-pipe system）來輸送。這個系統包含兩根各別的管子，輸水管被套在第二根管子內，萬一內管漏水，外邊的套管便能接住。所有管子在接合箱中相接，任何可能的漏水都會流至此處，然後從浴室地板上導向排水管。如果湯瑪士沒搞砸，而且沒有人用螺絲釘或類似的東西損壞內外管，那麼管套管系統應該不會有任何漏洞。萬一有需要，也可以重新插入或更換內管。不必拆掉牆壁或地板就能修理水管，實在是挺不錯的事。

我們時不時會派一個人去史托拉森（Strøm Larsen）買份熱騰騰的午餐或其他美食。今天輪到丹尼騎單車去城裡這間最棒的熟食店買東西了，因此由他選菜，結果丹尼買了好吃的香腸和馬鈴薯沙拉。挪威人午餐不常吃熱食，一時間我們彷彿覺得自己是瑞典人，而且挺嫉妒他們的。每次我們吃熱食，就約好要更常吃，可是從來沒有。有了好端端擺在盤子上的熱食，加上彼德森家的廚房餐具，我們的午餐吃了好久。

我之前已經打算在浴室兩端的磚牆上鋪防潮板。牆壁並不平整，需要先整平。這些板子可以解決問題，可是牆壁就得弄得更厚，占去更多空間，而且還不便宜。強納森因此建議，讓他的徒弟古斯塔夫幫牆壁打底並鋪平。古斯塔夫得學習塗灰泥，因此我們不能錯失這種機會。給學徒機會施作各種工法，這點非常重要，尤其是小公司。要學會技術，就得花時間，並施作許多不同的工項。小公司一次拿到的建案不多，必須精心籌畫，才能讓學徒獲得充足的經驗。塗灰泥的工作是一項很好的訓練，由於之後牆上還要鋪瓷磚，最後不需要補上更細緻的塗層。

第一層灰泥即所謂的底塗層（rough coat），把一坨坨的灰泥甩到牆上抹勻，然後上最後一層塗工便完成了。泥作的術語很直接，就是字面上的意思。如果第一道塗層亂塗，完工的品質會很差，上層會有泡泡，底下有坑洞或龜裂。最後一道塗工大家都看得見，古斯塔夫以後會學習抹細灰泥，但這段期間他可以練習塗底層。

強納森告訴我們，從美索不達米亞來的日曬磚是按標準尺寸做的。製磚一定是最早出現的現代工業產品之一。

磚塊雖有各種尺寸，但相較下大同小異，原因有二：砌磚的人必須一手持磚，一手拿泥鏟；石匠必須能拿起數千個磚頭，而不受傷。人類的體型決定了磚塊的大小與重量，因此美學、健康與安全決定了磚塊的尺寸。

除此之外，磚頭或石塊的長寬比例，在堆砌時也是經過運算的，因此大腦也參與了決定磚塊大小的過程。

奧斯陸市政廳的設計師要的是比標準尺寸更大的磚頭。一開始泥作師傅按習慣砌磚，但後來因肌腱炎等問題，不得不改掉平日的工作習性，每塊磚頭都用兩手搬動。市政廳是一棟宏偉的建築，部分原因來自磚頭的大小，但是當年堆砌建物正面的那些磚塊必然耗費不少時間。

強納森用古代打造巴別塔時所使用的工具工作——石匠的錘子與鉛錘。我們有一些共通設備，如粉線和木匠用的錘子。我「最早的工具」是斧頭，不管是用燧石、青銅或鋼鐵製的，原則都相通。而我們最基本的工具都一樣：我們的身體。

如果強納森回到幾千年前，一定能跟工人們打成一片，幫他們建造原始的巴別塔。他若會說那些工人的話，或許工作起來會更順手，不過再仔細一想，你若相信巴別塔的故事，則未必如此。其實，強納森並不需要理解他們的語言或各種語言，他的專業技術必能消弭各種雜音。就我對強納森的瞭解，他在一個月內就會成為人人尊敬的同事。

古斯塔夫為牆壁上灰泥，那得花幾天的工夫，因為必須上好幾層。到時我們會在牆上鋪一片透氣防水膜，再直接把瓷磚鋪上。強納森下週一便可以開始鋪瓷磚了。

由於塗灰泥要分好幾階段，丹尼和我可趁著各階段的間隔，在浴室施工。首先，我們在其他牆壁上鋪板子，裁切淋浴間的板子大小，把板子裝到鑲板頂端，安裝所有管子和電源插座的外殼，並在各個角落貼密封膠帶。丹尼把防水膜層鋪到牆上該鋪的地方。

湯瑪士過來安裝馬桶及浴缸，我在掛壁式馬桶四周做了內嵌式邊框，並用防潮板覆住。套管在地板裡得有通路，萬一馬桶漏水，水才能排掉。這條套管跟間壁牆一樣，必須防濕防潮，因此我們在上端裝了一個排氣閥。我們使用為船隻設計的不鏽鋼排氣閥，小小的，相當雅氣。

我們正在浴室施工，丹尼去外頭拿材料時對我喊說，這地方鬧鬼了，因為梯井門的手把一直顫動，卻沒有人進來。接著門把停止抖動，又開始上上下下地搖著。丹尼鼓起勇氣走過去將門打開，結果看到費迪克。孩子看起來有些害怕，且淚眼汪汪。

「天哪，原來是工地檢察官回來啦。」

費迪克開始放聲大哭，丹尼將他抱起來。

「你上來看我們是嗎？自己一個人？」

「是啊。」他哭得抽抽噎噎的，話都講不好。

「媽媽、爸爸跟詹斯呢？他們在樓下嗎？媽媽和爸爸也許正在想你跑去哪兒了。你覺得呢？」

「是啊，可是我就是想看，看看閣樓和我們的房間。」

「我想我們應該下樓告訴他們，你自己一個人跑上來了，或許他們也會想上來。我們去問他們，走吧。」

凱莉和約翰看到丹尼和費迪克出現時，嚇了一跳，他們忘記鎖門了。費迪克又哭了起來，顯然獨自遠征令他有些害怕，尤其又沒獲得批准。

「我們想，大家是不是都想上來看看？」丹尼問。

他們確實想看。丹尼請大家耐心等候一個小時，讓我們把今天的工作（事實上是這一週的工作，因為已經週五下午了）先完成。大夥欣然同意。

一個小時後，費迪克進來了，詹斯緊跟在後。他們帶了一盤麵包給我們，費迪克兩手伸得老直地端著，那是一盤剛出爐的黑醋栗麵包。我們吃著麵包，開了一場營建會議，然後就收工過週末。

# 42

週一早晨我們打過招呼，便開始新的一週。凱莉和約翰決定把當初簽合同時，他們考慮親手施作的工程，全部交由我們執行。他們覺得營建的事情太過龐雜，在我們完成的工項之後，親自下海參與新的一輪工作，並不怎麼吸引他們。

我們準備要為屋頂做隔絕工程了。我們會在吊式天花板的上方，沿著受釘條填入二十公分厚的隔絕材料，然後在天花板的受釘條之間，鋪上第二層十公分厚的材料，總加起來是三十公分。由於分隔公寓和閣樓的天花板，原本的隔絕做得很差，因此公寓的地板面積雖然很快會變成兩倍，但暖氣費並不會增加。

時值四月中旬，閣樓裡仍十分寒涼，在施工的建物裡，春天來得很遲。陽光沒有強到能烘暖室內，但夜裡的寒氣會滲進來，使得閣樓像保溫瓶似的留住寒意。等我們鋪完第一層隔絕材料，便能打開暖氣了。再施一點工，這個閣樓就會變成非常舒適的工作場所。

隔絕材料必須正確填裝，就像我的老東家常說的，好的隔絕，就是有效的隔絕。偷工減料的施工效果很差，而且可能造成熱橋現象（thermal bridges），甚至造成天花板裡的濕氣凝結。防止濕氣凝結，也是另一項被低估的重要工作。瞭解自己在做什麼，跟不懂自己在做什麼，兩者有極大差異。那些擅長填塞的人，最後會做出有效而平整的隔絕層，沒有漏洞或損耗，而且施工更為迅捷。

戴面罩能擋住隔絕材料中大部分的細塵，這些細塵很可能吸入肺裡，而纖維也可能造成皮膚過敏。我們是有特製的服裝，但我只有在情況真的很糟時才穿。我覺得這些服裝太過笨重，穿起來很不舒服。

隔絕材料已經大幅改善了。一九五〇年代的舊式玻璃纖維墊，填裝起來難用無比，尤其是炎炎夏日。有些人對現代隔絕材料會起過敏反應，幸好我沒這問題，其實這裡頭還有一定程度的心理作用。如果你覺得材料會讓人發癢，那麼你就會癢得難受。如果你能排除這種念頭，那麼填裝隔絕材料時便會相當愉快了——打開收音機，聲音也隨著材料滿滿填入房間，變得益發溫暖。樂聲在輕軟的環境裡，聽起來更悅耳，尤其是小提琴和電吉他。

裝了一天的隔絕材料後去淋浴，可列為最佳淋浴經驗排行榜的榜首。先用冷水收縮毛孔，再將纖維沖洗乾淨，接著用熱水好好洗刷一番。

又是新的一天。今天要用吊車舉吊重物，這是本工程的最後一次了，吊上來的物品很少，丹尼和我能自行應付。我一直注意最近的氣象預報，如果預報會下雨，我就會把吊貨的事情延後。我們運入了地板、厚木板、貼面和框條，這些東西都不能打濕。

木料建材現在會留置一或兩週，讓它們有時間適應閣樓內的環境。木材必須適應室內自然的濕度，因此我們將暖氣打開，模擬將來閣樓使用時的平衡溫度。如果木料不適應閣樓的環境，地板間、壁腳板之間等相接的地方，便可能出現裂痕。

人家說木頭是一種活建材，木頭的濕度尤為重要。潮濕跟乾燥的木料天差地別。乾燥時，寬度為十公分的木地板，潮濕時可寬達十．五公分。

我們還吊上來浴室設備要用的材料。我們將廢料和碎石吊下去，還有不再需要用到的工具和品項。從現在開始，任何搬上運下的東西，都得改走樓梯了。等最後一批建材從屋頂洞口吊進來後，我們便封住洞口，裝上最後一扇窗戶。待我們完成窗口四周的防雨板後，所有外在的工作就完成了。

丹尼和我忙著吊貨、卸貨時，強納森和他徒弟在浴室鋪瓷磚。他們先從地面鋪起。

瓷磚的鋪排十分講究，可能的話，地板每處終端的瓷磚都應大小一致，而不是一邊有完整的瓷磚，另一邊是裁成窄條的瓷磚。地板瓷磚的配置，應與牆上瓷磚相配，而先鋪地板，會比較容易做到這一點。為了讓整體效果好看，強納森必須把地板、牆壁、馬桶、浴缸及淋浴間，全部納入考量。其中的變數相當多。

我們準備用聚乙烯片蓋住吊式天花板了。天花板要就定位時，所有接合點必須緊扣住，所有接縫全部密封。然而，山形牆的表面太過凹凸不平，不可能做得到。

我們用釘槍把塑料片釘到受釘條上，並小心地拉緊片材，使之平整。我們在塑料片和牆壁之間的磚牆上，塗了適量的建築黏合劑，現在可以用力壓緊塑膠片下的黏合劑，讓板材完全密合。如果不這麼做，整面牆壁便會出現空氣滲漏的問題，增加濕氣凝結的風險，引發後來發霉腐壞等所有的問題。

我們在塑膠片的所有開口上貼了黏布，必要時會用膠帶補強。我們在窗戶鑲板四周，使用威盧克斯公司提供的防潮墊，以聚乙烯覆住梁木上方的區域，然後才將梁木安放到屋頂的椽木下。夾層地板以上的區域早已處理完畢，現在屋頂完整地封妥，足以抵禦室溫造成的潮氣了。

我們打算週一安裝屋頂的石膏板，所以今天剩餘的時間都在準備這件事。我們整理地板，讓活動鷹架有移動的空間，也將石膏板疊到鋸木架上。我們取來一副活角尺（plaster square）、一個加長型水平儀，更換了史丹利牌切割刀的刀片。丹尼有石膏板的搬運架，對我們多少有些幫助，儘管我們只能用在一部分的天花板上——因為屋脊太高，搬運架派不上用場。我們只得徒手把板子扛上去，而間壁牆太低，搬運架過不去，我們一樣要徒手搬下來。

兩個人抬二十六公斤的東西並不算太重，可是板子很脆弱，把板子舉在頭頂上，直到用螺釘緊緊拴住的動作很詭異，也很費力。把板子舉在頭上靜止不動是很辛苦的，我們得利落有效地施工，以免負重太久。

這全得看技術了。如果技術不夠熟練，就會像試圖舉起整個屋頂，把板子過度壓到受釘條上，還得同時用另一隻手操控電鑽。房子很重，所以不管你多麼費力，都無法舉起它。這時需要的是練習與技巧。

我們第一次把石膏板抬上天花板時，我的老東家實在看不下去，他看到我氣喘噓噓，累得跟狗一樣，他自己卻一副氣定神閒的樣子。你比我年輕啊，他說，我可是比你老，他說得一點都沒錯。我現在是比較老了。

週末來得正是時候，那表示在我們把石膏板抬上屋頂前，我可以稍事休息。丹尼和我在工作上已經更加老練純熟，但這畢竟還是份體力活。

# 43

週一早上。

現階段的工程，我們一定得維持速度，把工項完成。隔絕、塗灰泥、鋪地板等類型的工作，量體很大，動不動就以平方公尺計。我們得正確施工，但所謂的速度，跟扎扎實實的進度，還是有天壤之別。這幾週會非常耗費力氣，要抬許多東西，不斷地移動，上上下下地跑。

因此收音機的音樂得開很大聲，我們需要聽音樂，而且是大量的音樂。音樂就像機器的燃油，不過要是聽到難聽的音樂，我們就把聲音關小。我們可不希望工作出錯。

要做的事情還很多，但完工所需的工時比想像中來得少。我跟凱莉和約翰解釋這一點，現在才剛過四月中，工程進度絲毫沒有延誤。

用塑膠片覆蓋屋頂前，我們在受釘條上打了一條粉線，第一排的石膏板將沿著這條直線排列。

山形牆上的灰泥塗得很粗糙，坑坑疤疤的。第一片暫時拴上去的板子，現在可以配合不平整的表面調整了。

我拿起鉛筆，循著牆壁和上頭的突塊、凹洞及參差之處，在板子上描畫。這種在建材上畫線的方法，就叫「雕合」（scribing）。以雕合的方式對付石膏材質，會更輕鬆，較不累人。這是個很美的詞，與藝術及工藝緊密相連。

現在我把牆壁的形狀畫到板子上了，我用切割刀割著石膏。通常你會在板子有紙的那一面劃切口，然後沿著切口折斷板子，再把另一面的紙層切斷。若是切直線，我可以那樣做，但現在我是順著磚牆在調整板子。我本可以用鼠尾銼（rat-tail file）沿線鋸斷，但切割刀一樣快速，且效果更佳。板子的切邊會比鋸子鋸出來的毛邊更銳利。切割刀雖然得多費點力，但相當好使。

許多木匠在處理石膏材料時，會用美工刀，但美工刀沒有切割刀好用。現在我徒手沿著剛才畫的不平整的線切割時，差異尤為明顯。

經典的史丹利切割刀，就是品牌太強大、使得品牌本身變成工具名稱的一個例子。使用正確時，他們家的刀子跟其他劣質切割刀相較，硬是多出許多優點。我跟其他偏好美工刀的人士討論時，美工刀與切割刀的對決，往往莫衷一是。我覺得，若不是他們不懂什麼才是最好的，就是他們不在乎自己用什麼工具做木工。

等石膏板切割完畢，我們沿著粉線裝上去拴緊。板子裝得很好，與牆壁隔了五至十公釐，可以準備塞填料。這種銜接處的材料必須很平整，看起來才會好看，切割刀切出來的銳邊，將成為完工的一部分。窄小的接縫比寬接縫更容易裂開，因為必須有足夠的寬度，讓裡面的填料隨著建物的震動稍稍伸張，就像長的鬆緊帶比短的鬆緊帶能承受更大的動作一樣。

天花板表層上了石膏板後，窗子看起來就像圖畫裡沒畫完的部分了。在窗邊鑲板上裝受釘條雖然很費時，但安裝石膏板快多了。我們做了一塊模板，然後逐一拷貝窗戶的鑲板；天花板看起來漸漸有了樣子。

安裝石膏板是最能改變閣樓外觀的工項之一。閣樓慢慢有了舒適的居家模樣。室內聲音的質感再次變硬，但平整的表面與更明快的線條，讓空間變得更簡約平靜。我腦裡的影片開始轉動，它們變成了天花板、牆壁、地板與窗戶。片段化成了整體，一個可以實體測量的經驗，想像與現實幾乎融為一體，理論成了實務。

客戶一家在星期五跑來看我們。男孩們現在對閣樓已經很熟悉，四處跑著，當閣樓是自己家了。孩子的父母要他們安靜一點，我告訴孩子們，要的話，可以在石膏板上畫圖。那是他們見過最大的畫布，丹尼幫他們削好木匠用的鉛筆，孩子們開始作畫。他們過了好一會兒，才明瞭自己能用的空間有多大。最棒的是能夠在高高的天花板上畫圖，丹尼站到梯子上監督他們。費迪克很擅長安排他們要畫的東西，有點自己想法的詹斯則接受他的指派。他們畫了一些房子、房間、家庭用具、太陽、星星和樹。他們的父親畫了一隻在群星間飛翔的大鳥，所有人都讚嘆不已。他們問可否去樓下拿彩色麥克筆，但未獲允許，怕萬一麥克筆的類型不對，會從塗漆下透出來。不過用鉛筆畫圖，也夠他們樂了。

小孩子忙著畫圖，大人則趁機聊天。我們沒有需要討論的問題，工程進行得很順利。我們聊著閣樓將來的模樣；成果是否會符合他們所願。他們大概覺得閣樓比他們想像的小了些，但我們解釋說，完工後，空間會更開闊。一個沒有堆放建材和工具的乾淨房間，加上漆好的天花板和牆壁，看起來會比現在的建築工地還大。

我們說明了一會尚未完工的工序，以及不同工項所費的時間。男孩們想繼續畫圖，但聽到明天還可以繼續，便不再吵了。

「大家週末愉快。」

# 44

「早。」

星期一，一週之始，我跟樓下每個人打招呼。

詹斯和費迪克這個週末忙翻了。他們的父母把地掃過了，騰出一些空間讓他們追求藝術，他們畫上畫下，規模有大有小。他們畫了許多動物，有些圖形有點難以辨識，但有匹馬，連皮皮都要嫉妒了（Pippi，譯註：瑞典兒童文學大師林格倫的經典兒童故事主角，是一個冒險頑皮的小女生）。他們畫了一排公寓，從地板開始，然後越過間壁牆，上達天花板。公寓裡有窗簾，窗口放著花盆。費迪克把我的貨車畫到間壁牆上，就在建物的一側。自從孩子的爸媽接送他們上下幼稚園時，指出哪一輛是木匠的車子後，他們現在看到我的車都認得了。

畢恩．歐拉夫前來將管線和內部零件接到他的那些箱子裡。他會等油漆工上完漆，再裝上實際的插座、開關等物件。不過我們希望有方便的電源，所以他先完成兩個一模一樣的插座，然後把一條電路接到閣樓的保險絲箱裡。能擺脫到處四散的導線，直接把插頭插入牆上的插座，感覺好爽。

閣樓在塗過灰泥後，變得有點髒亂，因此丹尼和我把閣樓徹底整理乾淨，然後架設木工的設備。我們把鋸台和橫切鋸或多角度切斷機，架在不會妨礙工作的地方。我們架好用來裁切木板的圓鋸，並裝上剛打磨的刀片。現在我們要施作細部工程了，刀刃一定得銳利。

午餐後，油漆工過來為牆壁打底。上星期石膏板安裝得差不多之後，我便打電話給他們了，這樣他們才能把工作排進行程。

油漆工們非常貼心，雖然在我們四周工作，但幾乎沒弄髒我們的建材。他們在必要之處都加了遮覆。其實他們上工時，我們最好不在，但因為我們急著繼續施工，大家只好相互容忍，反正我們在別的地方也沒有工程。像類似這樣的建案到了最後，往往要同時施作很多工，我們有的人站在梯子上，有些跪著。像這樣大夥彼此體貼，讓許多人同時各司其職，是很愉快的一種經驗。

強納森和古斯塔夫把浴室瓷磚鋪完了，現在準備交給我們。浴室的白楊木天花板是項愉快的小工程，這就交給丹尼了。我們會分擔愉快的工作，也會分擔累人或無聊的差事。

在浴室做木工，跟清理沉重的建材，性質差異很大。

未處理過的白楊木板，是我最愛的板材之一，尤其是用在浴室。白楊木有種輕微的絲絨感，看到這樣的白楊木板，我就很想好好地摸一摸。這種板子也很能吸濕氣，非常適用於浴室。良好的通風和地暖，將使浴室成為公寓中最乾燥的房間，但是濕度的波動會很大。淋浴的熱水，有一部分濕氣會被白楊木吸收掉，然後再隨著通風設備將房間吹乾而漸漸釋出。瓷磚跟鏡子一樣，會覆上一層霧水，讓人在淋浴後，感覺房間很潮濕。鋪設瓷磚的價格，跟抹牆粉、塗漆的石膏板，以及在天花板四周做花邊的錢相比較，並不算特別昂貴。

木料若能正確使用，會很漂亮。人們因為一九七〇年代對松木內裝的「惡劣經驗」，挪威對它們十分感冒，其實不該因此無視松木的其他使用方式。營建業並不常使用硬木，挪威人天生喜歡松木和雲杉，因此硬木常被降級成柴火。廠商一直想把硬木產品發展成全國愛用的貨品，並說服消費者，硬木是室內、戶外各種用途的絕佳選擇。

挪威有很多種木頭，且木料的產製對環境十分友善。原始木料的一大優勢，就是可以在國內做進一步加工，不必只是單純的生產商品。這當然有賴我們的專業技術，我們是能夠為客戶提供優質產品的工匠。從林務員、鋸木廠工人、木料商到工匠，丹尼和我是這條從林務員開始的生產鏈的最後一環。這條鏈子若是斷了，大家都不好過。

浴室的天花板很小，因此我們很快就把企口板嵌好了。丹尼在白楊木上，木料與牆壁銜接之處，做了簡單的花邊。浴室看起來與我們所想的一樣：明亮而通風，又有品味。

丹尼忙著處理天花板時，我一直在做浴室家具，像是在做模型似的。我做了四公分厚、上了油的橡木台面，簡單又漂亮。雖然是家具，做起來並不複雜。

浴室裡會有兩件家具，各擺在浴室兩側。兩件家具都沒有門，因為想讓它們連著支座，像腳一樣立在地板上。這些邊几的材質，跟流理台是一樣的。

我做了一個斜角接頭（斜角榫），把支座的端點和表面都裁成四十五度角，確保每個邊角漂亮而密實。我塞進一些料頭，然後用黏膠和螺絲釘把它們拴成牢靠穩固的結構。所有東西都會用螺絲拴緊，等放進浴室，最後再塗上黏合劑。

我用螺絲釘在木頭底下鑽出一個凹口，再插入一根木栓，把凹口隱藏起來。這是兩件家具完工的重要一環。

其中一件家具下頭會擺洗衣機、烘衣機，之間用柱子區隔，也留了放洗衣籃的位子，最後還有一個由架子隔開的空間。我用來做支座的橡木，也拿來做這些區塊的隔欄。

盥洗台會設在對面的牆上，也是以流理台的材料去做，但規模較小，僅有一個架子。

我在浴室裡組裝家具，用黏膠和螺絲釘組合，並把洞塞住。等塞好木栓、塗上油蠟，

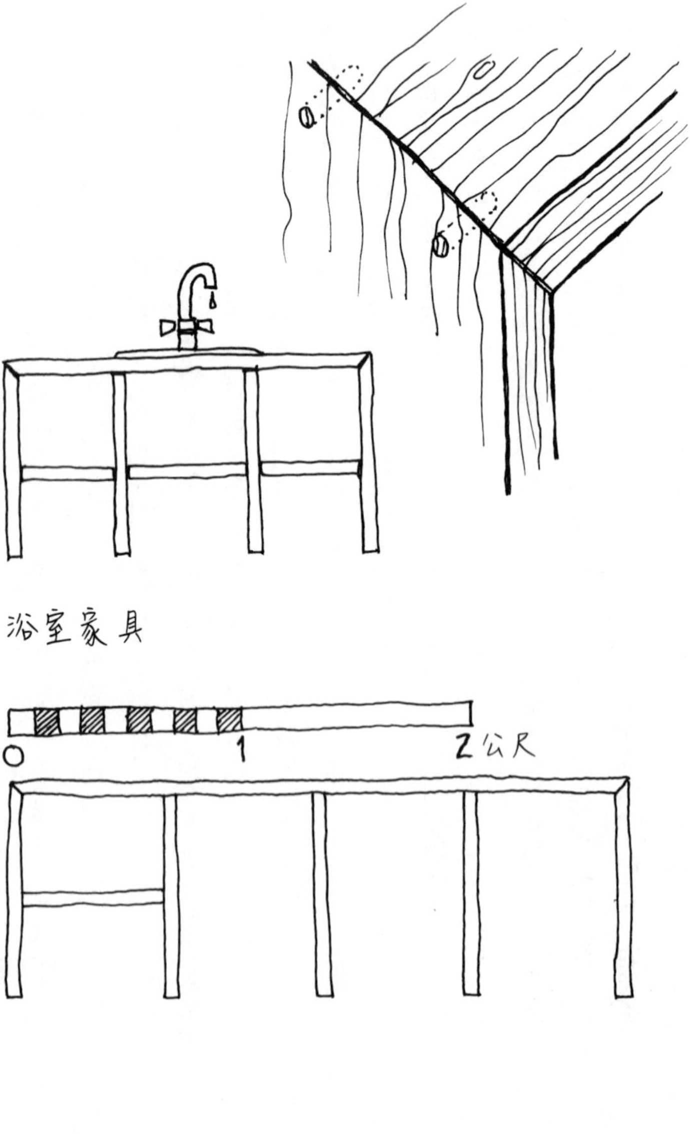
浴室家具
0
1
2公尺

家具便完成了。

大部分人會覺得木栓的使用，像是在家中模仿船隻的甲板。這些手製的木栓雖以等距拴在地板上，但其實沒有功能。這是我以雙手和工具複製出來的東西，純粹為了炫技罷了。

在真正的船甲板上，木栓或塞子是很有用的：木栓能把船板緊拴在甲板下方的結構上，塞子可以防止濕氣從鑽孔滲到甲板上。每次我看到複製的木甲板，就會想到阿克爾碼頭（Aker Brygge）和奧斯陸水岸邊那些昂貴的公寓。這些蓋在舊造船廠上、可以看到船塢的公寓群，本身就帶著海洋風。至於它們是模仿奢華遊艇的甲板或大平底船，就很難說了。對我而言，木栓是一種簡單快速的接合方式，既好看，顧客又喜歡。

# 45

湯瑪士來安裝水龍頭，並把浴室所有的東西接上。現在浴室裡的一切擺設都能用了，但我們會盡量不把浴室弄髒，讓彼德森一家享受他們全新的浴室。反正我們很習慣使用樓下的浴室了，而且彼德森一家也習慣我們上上下下地跑，所以再撐個兩星期無所謂。

丹尼裝上浴室的門和門框，並在通往梯井的門邊加框。他用了最少量的釘子釘框，沒有一路釘死，這樣等地板鋪好，做最後固定前，還能把門框拆下。

我們邀湯瑪士和油漆工到樓下廚房吃午飯。這麼多人穿著工作服，聚在彼德森家舒適的廚房裡，有點像在參加豪華的工人餐宴。油漆工們在樓上準備食物，然後將食物帶下樓。湯瑪士是水管工人，但他的午餐卻像電工吃的：麵包和無酒精飲料。丹尼和我自行到冰箱裡取用我們的食物。湯瑪士不想吃正餐，堅持吃自己習慣的東西。這是一場越南油漆工和有長期合約的木工、打零工的水管工人之間的飲食文化衝擊。

彼德森家希望閣樓裡能有一些Ikea的家具，並由我們來組裝。他們打算把夾層當成辦公區，在斜下屋頂的一側設置矮櫃，這樣櫃子就會像一道小的間壁牆，使辦公區更像獨立的房間。與地板相連的屋頂，讓人覺得狹窄，清理上也不方便。夾層的一邊，面對男孩臥室的那一面，必須封起來。我們會把那一側的夾層地板往前延伸到斜屋頂，讓地板兼當臥室的天花板，並在那一側的「辦公室」，搭起一個二十公分高的間壁牆。

他們希望在遠端防火牆上，搭出從地板到天花板的架子，架子得隨著愈高愈窄的寬度做調整。

丹尼為延展的辦公室地板製作受釘條。他在下面鋪石膏板，塞隔絕材料，然後在上面放纖維板。我專門訂製能配合屋頂斜度的Ikea家具。雖然為了配合屋頂，空間會變少，還是強過什麼都沒有。我根據防火牆調整架子，然後把夾層裡的東西清乾淨，再鋪上地板。我們組裝櫃子，把櫃子和架子安裝定位，裝上壁腳板，夾層便完工了。儘管還有很多事情要收尾，我們真的覺得自己像是一路從閣樓裡殺出來的。

凱莉和約翰很清楚他們想如何擺設新改裝的房子。我們現在正在製作他們想要的家具修改版，最初我的各項建議頗令他們訝異。例如，他們以為客製的浴室家具會比他們想用的Ikea家具貴很多。常有人問我對Ikea的感想。凱莉與約翰也有同樣的疑慮，彷彿Ikea

跟天花板高度、窗戶大小或居住空間一樣，是很準確、可以測量的東西。

到處都有 Ikea，品質跟人們為家中添購的大多數物品差不多，不管是什麼名稱或品牌。Ikea 很簡單，相對便宜，但一分錢一分貨。

對彼德森和其他客戶而言，他們在目錄裡看到的裝潢是可以預見的，讓人覺得安心。我能理解這種經驗，我自己家裡也有 Ikea 的東西，但我對它們沒什麼感覺。它們大都藏在我身邊更好的物件的後面或底下。我會盡量使用它們的功能，但是寧可不讓它們出現在視線中。

跟某些橡木製的堅固品項或實木地板相較，Ikea 的家具只是為了短期使用。但 Ikea 太普遍了，占了如此重要的地位，有時我會懷疑它是否影響了我們對時間的想法，或者它只是我們時代的一種產物。汰換一個物件，有時是因為不要那種品質，有時是因為想要那種品質，因此何苦製造一個會讓人日久生膩、用沒多久就要換掉的東西。這些物品短暫而可替換的本質，使人很難對它們感到滿意。不過我很高興，品質的差異還是存在的，我代表另一端的品質，另一種可以理解的固有價值。比較危險的是，以前是 Ikea 在模仿手作，如今我們卻發現自己開始模仿 Ikea 了。長期而言，這種情況對我這種人並沒有好處。

好笑的是，我今晚要去 Ikea，所以我無法避開那個地方，連閒暇時間都不行。如果你有一輛貨車，別人就會常常請你幫忙載運東西。對我而言，週末意味著不做粗活，對別人則是搬運東西的時間；我承擔了在閒暇時間變成搬運工的風險。我每年經常會花十到十五個週六幫別人搬東西，不過經過本人不斷拒絕之後，不再有那麼多人來請託了。奧勒老是幫我的忙，所以我同意幫他，但我說過，逼我去 Ikea，對我們的友誼絕對是一大考驗。不過，今晚奧勒得請我吃瑞典肉丸（譯註：Ikea 兼賣的食物）了。

46

我得去找我的會計師處理報稅的事。自己當老闆，就得在五月把稅表交出去。丹尼在彼德森家，新的工作週會在沒有我的情況下展開。跟會計師處理完稅務後，我很開心，也很輕鬆。開工吧。

我們還有三個大項目要做。首先要鋪地板，之後蓋臥室的牆，然後幫樓梯做新的開口。通常我們會穿上有鋼包頭的堅固靴子，但是現階段我們穿的是較輕便、鞋底沒有印模的鞋子，作為室內用。我們得避免讓細石卡進鞋底，而且輕質鞋的鞋底不會在地板上擦出痕跡。

我們從間壁牆開始鋪設地板。地板須做好配置，木片寬度要好看，並在牆壁邊做漂亮的收尾。牆壁與木板之間也需要有隙縫，木頭才能隨著房中的溫度與濕氣收縮膨脹。如果地板跟牆壁貼太緊，地板可能膨脹太過，把牆壁往外推。不過牆壁也可能不動如山，反倒是把地板往中間擠壓。

木板相接的地方必須配置好，才不致排成一直線或靠得太近，形成明顯的模式。有些板子受損，或是有難看的節瘤。我們為了鋪得更快，便將板子依不同長度，由短到長分成四疊，然後根據銜接處要排成何種樣子，來挑選木板；並在挑選的過程中，把受損的木板擺到一旁。

我們在房中一次調整排好三直排的木板，然後將它們安裝拴緊。那有一種大量生產的效果，也節省時間，而且可以利用連接處、節瘤和木片的外觀，做出好看的圖紋。精心鋪設的地板，比沒用心鋪的要迷人多了。

我們拿錘子和敲墊將木板敲合，然後才拴緊。我們常得借用木鑿子把板子拼在一起。我們拿鑿子用力敲底層的纖維板地板，拿敲磚將木板推合。鋪地板是一項耗時的工作，不過只要穩穩地做，就不會有事，但是背部、肩膀和膝蓋會很累。

我和丹尼開著收音機，像在跳雙人舞似的，幾乎不會踏到對方的腳趾。我看一眼他在做什麼，趁他安裝地板時，使用鋸子。我若搞不定較長的板子，丹尼不必多問，自會過來幫忙，然後再回去做他自己的事。我們邊工作邊聊天，談我們正在聽的音樂，聊新聞和各種各樣的事，就是很少聊工作。若談到工作，也僅限於短評與快問快答，僅此而已。這是一種愉快的工作方式。

我們把木板鋪過樓梯邊的開口，在纖維板預備裁切處，超出十三公釐的地方做標記。等地板鋪設超過了標記，延伸到洞口上方，我們再根據標記，用圓鋸把木板鋸掉。鋸子上裝了利刃，切出的邊非常完美。

之後，我們會將梯井周邊的石膏板仔細裝到我們的小突架下。然後，只需在地板邊緣弄一道非常簡單的壁腳板，裝到地板及石膏板相接的縫隙上即可。我裁了幾條壁腳板，塗上混入白粉的油，等梯井的牆壁完成後，壁腳板就能用了。

我們碰到的第一面牆是原本的梯井。丹尼繼續朝浴室牆壁鋪設剩餘的地板時，我在已鋪好的板子上，搭起一道臥室的牆。在搭建這道牆壁之前，我們還可以享受一會兒全長的地板。詹斯和費迪克現在終於有自己的房間了。

新鋪的地板很棒，丹尼的團康舞在纖維板鋪設的粗地板上還算適合，但在新地板上跳波蘭舞會更優。收音機播著美國歌手洛奇・埃里克森（Roky Erickson）的歌，沒有比那更適合的了，可惜丹尼並不想跳。

「效果很好，咱們這次運氣不錯。」我說。

所有地板使用過後都會有損傷、刮痕、凹洞，柔軟的松木地板尤其脆弱。我通常會建議客戶多花一筆費用，在送貨前先讓我把地板稍稍做舊，這樣他們搬進去時就能比較放鬆，不必太過擔心地板的問題了。如果地板看來有點舊，他們的生活會更輕鬆，孩子們可以自由自在地玩耍，不會害爸媽每次聽到有東西撞在地板上，就緊張兮兮。

雖然至今我還未能讓任何客戶接受我的荒謬提議，但那是一種讓客戶不再憂慮、逗他們哈哈大笑的辦法。在他們恍然大悟，發覺原來我在開玩笑前的短暫瞬間，實在挺有趣的。

無論如何，我們鋪設地板時，施工總是盡量完整且小心翼翼，就像製作一件家具般仔細無誤，避免碰出凹痕或缺口。

# 47

牆壁蓋好了，油漆工只需處理牆面，然後上漆就行了。他們已經很努力在工作了，不久便能完工。彼德森家選擇略貴的耐磨漆，能維持很長的時間。丹尼已鋪完地板，現正忙著安裝臥室的門，以及所有邊框及要收尾的雜項。我們裝上事先漆好的壁腳板，油漆工用 Polyfilla 彈性填縫膠，把釘子留下的洞補平，並用批土填補縫隙，然後才上最後一層塗漆。

新樓梯的開口是我的工作。

我將蓋在洞口的纖維板，以及所有現在得挪走的建材搬走，包括隔絕材料、多餘的地板托梁，還有我們鋪粗地板時所用的三十六乘九十八公釐的厚板。現在只剩樓下的天花板隔開閣樓和公寓了。為了安全起見，我在洞口擺了兩根二乘四木條，丹尼幫我一起把之前移開的纖維板重新擺回一部分到洞口上，這樣才有可能在兩層樓之間工作。為了避免施工時塵埃飄上閣樓，我把塑膠板鋪得稍稍超過新鋪的地板。現在閣樓變成全新的空間，需要做些保護。

離完工日還有三星期，可是我們只剩下一個星期的工作量了。我在合約中訂的期限十分合理務實；整個施工過程，我們一直維持穩定的進度，可是我們很少在施工末期，還剩這麼多時間。

遇到有東西要拿時，我們都不會空著手，因此週末收工時，我們會盡量把東西搬到我的貨車上，要拿的東西漸漸變少了。

週一早晨，彼德森家有點遲到。我拿著工具和建材到樓下公寓，準備處理新的樓梯口時，詹斯和費迪克正忙著四處跑。男孩們聽說今天要做屋頂的洞，還有梯子會送到，興奮得不得了。這也難怪他們開心，因為在這特別的日子裡，公寓和閣樓就要連成一體了。

詹斯想留在家裡看我們在天花板上打洞，遭大人拒絕後，還發了頓小脾氣，直到丹尼哄了一小會兒，才平靜下來。

丹尼解釋說，我們會把施工範圍蓋起來，所以沒什麼可看的，而且拆除時，小孩子在旁邊太危險了。丹尼告訴孩子，施作木工雖然很有意思，但也會很吵，還有點恐怖。詹斯表示他明白了。

「等你們兩個從幼稚園放學回家，就能看到了。到時候會有一個大洞喔。」丹尼指著上面說。

「樓梯就是要放那裡。」費迪克說。

他們問樓梯在何處，是不是放在貨車裡。我解釋說，樓梯要之後才會送來，但是他們今天就能看到樓梯開口了。

為了節省時間，我在週末前先做了一些準備工作。我裁好一些板條，並找來材料，放在閣樓裡備用，準備封住樓梯周邊的區域。丹尼也來幫忙，兩個人一起做事比較輕鬆。我們在樓下公寓的地板上鋪石膏板，用塑料片當牆，隔出一個工作區間。塑料片用板條框架箍緊，再貼到天花板及牆上，將整個空間徹底封起來，僅缺一道門而已。我們用刀子一割，割出一道裂縫，等我進入隔間開始拆除時，再用膠帶貼起來就成了。這是為了防塵，而且塵埃也不會飄進上面的閣樓裡。拆除工作可以開始了。

石膏板天花板很脆弱，拆除時很容易碎裂。鋸子可以應付木頭，鑽石切割盤的角磨機能處理石膏，可是我沒有同時應付這兩種建材的工具，又必須裁切得漂亮。解決之道就是一次應付一樣東西。

我拿小的角磨機接到吸塵機上，切穿石膏，直搗石膏附著的板子，幾乎沒有揚起灰塵。現在可以拆掉天花板的石膏板，露出樓梯的開口了。接著，我拿起往復鋸切割板子，讓所有東西落到保護底下公寓的木板上。我們的洞口開好了，完全沒有損及天花板其他地方。

我把小隔間裡的灰塵徹底吸乾淨，然後把石膏板鋪到梯井四周，就在閣樓地板底下，再安上牆角護條、金屬角條。它們能在不同表面的交接處形成分明的角度，讓油漆工沿著角度上漆。天花板的狀況十分良好，除了洞口四周之外，並不需要批土。在閣樓工作的小譚下樓來，塗刷第一層漆。

有三面牆會覆上石膏板，泥作師傅會砌出第四道牆。強納森下午過來，在地板上第四面牆要蓋的地方，砌第一道灰泥。

我們的工作區間現在位於公寓的核心。雖然工作量不是很大，可是對彼德森一家來說，感覺上一定受了侵擾。為減輕干擾，我們拆掉塑料板，移除地板上的石膏板。油漆工批土時也格外小心，避免造成髒亂。不過上完最後一層漆之後，漆工必須稍作打磨，因此他用膠帶把一些塑膠片貼到延伸至地板的屋頂，以免灰塵落入公寓裡。

閣樓裡所有填補與批土的工作都完成了，所以我們徹底吸塵後，拿乾的超細纖維拖把又抹過一次。閣樓客廳裡會擺一些Ikea家具，但只需組裝，不必裁切，兩個小時便能搞定。

最後一處需要用到木工的地方，就是把新樓梯的邊框大致拴到地板上。安裝樓梯的工人可以把這些邊框拆下來，等樓梯裝好後再裝回去。彼德森家的樓梯很快就會送到，他們只需再多等一會兒，就能開始使用閣樓了。我覺得從公寓轉換到閣樓的邊框，挺適合作為我們在這裡施作的木工結尾。

油漆工在收尾了，電工趁機安裝所有的電箱、燈具和開關，然後所有電工的工作便告完成。

小譚和畢恩・歐拉夫做最後的裝點。等最後的壁腳板上好漆，裝上燈具，看起來就會很棒了。

老實說，這實在有點反高潮。那麼多工作、那麼巨大的改變、那麼長的時間，最後卻逐漸轉化成零差、清潔工作，以及將工具收入貨車中。今天我們會在彼德森家的廚房吃最後一頓午餐。吃過飯後，大夥喝咖啡，並舉杯慶祝改裝成功。

我過了一個長週末，趁釣魚和睡覺的空檔處理一些文書。

整體工程的照片需要分類，歸入我的系統；文件必須整理；本案的預算得和財務收益做比較。

至於錢呢？我的報價幾乎分毫不差。

我給小包商的工程預算，與他們的報價相符。丹尼送出時間表，我們邊施工邊付款，我也領取了要求的薪資。我擬出自己的時間表，將花費的工時與材料費記到表格中，減去所有列表的開支後，剩下的就是我的盈餘了。等秋天來臨時，我便有錢在暑期度假，銀行戶頭裡也會有一筆充裕的存款。

錢當然重要，且在本故事中扮演了一角，可是只要沒出問題，錢的重要性就不會顯得那麼大。這也是我沒有一直提到錢的緣故。

這是我的案子，但是下一份工作，老闆會是丹尼，最終的責任不在我身上。我會去工作，填寫時間表，然後把費用清單交給他。我不必參加設計階段的會議，準備文件或思索太多預算或財務的問題。那滿像放假的；只需工作就好，讓丹尼去承擔行政方面的問題。

# 48

夏初，天氣愈來愈暖，我們開了一場完工會議。我初次在陰黑的十一月看到這個地方，來到這個綠光清淡的時節裡，已有極大的差異。凱莉、約翰與我一一檢視完工之處，男孩們由爺爺看顧。丹尼、小譚、畢恩．歐拉夫、湯瑪士、強納森、古斯塔夫、猶卡、彼特和我，全將一小部分的自己，留在這些牆壁與天花板裡了。

我們手裡拿著說明文件、工程清單與合同的影本，繞著閣樓到處走，逐項檢視工程，只要是客戶認可的完工部分，便打勾銷掉。這不會花太多時間，雖然幾乎只是形式，卻十分重要。工程期間，我們一直讓客戶來看我們完成的工作，並討論施工方式，由凱莉和約翰做最後的選擇，好讓他們掌控狀況。我有信心他們會感到滿意。

現在閣樓交給他們，我可以放手了。等他們檢查過地板，簽名表示對鋪設結果滿意，那麼以後有任何刮痕，就都是他們的事，我不用再擔心了。

我們現在所簽的名，就像是故事結尾的文字——一個由同樣文字展開的故事：一月初，我們大夥在合約上各自簽下的名字。

我們第一次談話，感覺像是兩百年前的事了。現在我們所站的地方曾經一片荒蕪，好像也是很久以前的事了，大夥邊看邊回憶。檢查到浴室時，凱莉說，她很高興他們選擇了手工製的橡木家具，看到這麼漂亮的成果，難免納悶，他們當初為何想用 Ikea。我們抬眼看著屋頂，確定他們滿意所有屋頂的施工；我們看到橫貫整個屋頂的支梁，想起了地板層被拆去的支柱與繫筋。

凱莉和約翰對實木地板很是滿意，覺得鋪得很棒。他們說，到訪的朋友對浴室裡的白楊木鑲板尤其印象深刻。他們告訴我，費迪克和詹斯談著他們在閣樓裡所見的一切，談他們畫的圖，以及他們現在拿去度假小屋放的船。他們覺得孩子們一定會想念我們，並表示很高興由我們改裝他們的閣樓，這是文件中看不出來的。他們的語氣很開心，我也很高興。

我們在他們的日常生活中顯得如此唐突，帶來那麼多噪音與灰塵，寫了一堆貨物清單，每個週一早晨還大聲打招呼，彼德森一家必然很高興這一切都過去了。事情就是這樣，這是可以理解的，無論你對你的工匠有多滿意，能不再每天見到他們，畢竟是喜事一樁。

丹尼的客戶已經在格雷夫森（Grefsen）的家中等我們了。我們要去更換所有的窗戶，拆卸外牆掛板，填裝隔絕材料，再裝上新的鑲板。如今夏天已至，白日漸暖，這會是一份愉快的工作。完工前，我們會先放假，等工程結束後，還要去舊城區打造另一間廚房。

在那之後，沒有人知道未來會發生什麼事，而我們的貨車又會開往哪裡。

# 名詞解釋

**白楊木**（aspen）：一種樹脂極少、乾燥性佳、可燃性低的軟木。適於蓋三溫暖，因為不致過熱，也適合做浴室，因為特別適合潮濕的環境。由於質地柔軟，通常不會拿來鋪設地板。

**角磨機**（angle grinder）：手握式電動機具，附有與機體平行的切盤或磨角片。廣泛應用於金屬工與建造工程中。

**掛瓦條**（battens）：細窄的木條，用以密封、強化或支撐銜接處或鑲板。

**尖嘴槽口**（bird's beak cut，**或稱對接角**〔birdsmouth joint〕）：椽木上的切角，包括「支柱嵌切面」（seat cut，切面在上層的板子上），以及「直切面」（heel cut or plumb cut，切面與承重牆平行），兩切面形成類似鳥嘴的形狀。

**齒板連結件**（bulldog-toothed plate connectors）：單面及雙面的齒狀接合板，用以加

強連結力度，提升螺栓效能。

**木匠／木工**（carpenter/carpentry）：木匠通常在施工中的工地裡工作。他們的專業技巧為木工，如安裝地板、樓梯、窗框、櫃子及架子。

**粉線**（chalk line）：以拉緊的尼龍線或其他繩線，在相對平坦的表面上，為長直線做標記的工具。粉線一端設有鉤子或拉環，線上覆著鬆散的染粉，通常為白堊粉。

**車載升降台**（cherry picker）：液壓式吊車，吊臂的一端有一個固定的平台，讓工人升降之用。

**斜坡板**（chicken ramp）：有防滑橫條的斜板。

**繫梁**（collar beams）：連接兩條椽木的水平方形木條，因而形成A型的屋頂結構。

**粗地板**（counterfloor）：基礎地板層，上面會覆以地板的鋪材或完成後的地板。

**強制式混凝土攪拌機**（forced-action mixer）：一種容易運載、使用旋槳的機動攪拌機，將沙子水泥等原料，用快速有效的動作翻攪、疊揉成混漿。

**遮雨板**（flashing）：非鐵金屬條，摺起來覆蓋建物山形牆尾端、牆壁與屋頂間的接合處，以使防水。也會用在煙囪及屋頂通風蓋四周。

**凹槽板**（groove planks）：設有凹槽，可銜接凸榫板，一般總稱企口板（tongue and

groove）。凹槽板也能用來固定較薄的板片，例如製作櫃子時。

**石膏**（gypsum）：一種可廣泛施作在各種基底上的建築灰泥，包括水泥、磚頭、金屬板條和石膏板。

**合作公寓**（housing cooperative）：在挪威相當普遍的房屋類型。由住戶組成公司，集體擁有並管理房子。擁有公司股權的住戶，有權住在特定公寓中，但並非擁有獨立的單位。租金按公寓的比例大小支付，公司由股東多數人的決定來管理。

**細木工**（joiner/joinery）：建築領域的細木作特指窗戶、窗框、門與門框、桁架、樓梯等細部工作。

**托梁**（joist）：支撐部分建物結構的長木條或鋼條，通常是一連串地平行排放，支撐地板或天花板。

**間壁牆**（knee walls）：即矮牆，通常不到一公尺高，用以支撐木屋頂結構中的椽木。

**板條**（lath）：一般較小、較薄的木條（四十八乘二十三或四十八乘三十六公釐），功能很多，可以做屋頂的掛瓦條或受釘條。

**石工／泥作**（mason/masonry）：泥作師以磚頭、石子或瓷磚等各別材料施作，以砂漿將材料接合，泥作師傅經常使用水泥。

**木工師（master carpenter）**：在當過學徒後，作為雇傭的木匠可繼續研讀或通過考試，成為木工師。有些國家，成為木工師是一個嚴格而昂貴的過程，需要具備豐富的知識（包含經濟與法律知識），以及能取得師傅級認證的技術。有些國家，需要具備師傅的地位，才能雇用木工並教授木工。在挪威，成為木工師是一項普遍的正規教育，也是不得亂用的正式頭銜。

**斜角榫／夾角接頭（mitre joint）**：將兩片斜面，以特定角度相接的接角。例如做成九十度的直角。

**橫切鋸（mitre saw，又稱多角度切割機〔drop saw〕）**：一種配有輔鋸箱或圓鋸、在轉盤上操作的手鋸，可切出利落精確的角度。

**音樂（music）**：由本木匠研究結果證實，以下唱片很適合工作時聆聽：「牛心船長」（Captain Beefheart）的〈Safe as Milk〉、洛奇·埃里克森（Roky Erickson）的〈The Evil One〉，以及「垮掉的龍捲風」（The Beat Tornados）的〈Mission to Mir〉。

**受釘條（nailing strips）**：請參照鋼帶及板條。任何附著在堅硬表面的帶狀建材，上面以釘子釘上（更常見的，是用螺絲拴上）另一種材料，如木框、梁木、石膏板等。中央打洞的鋼帶也具備相同功能。

**N.R.K.**：挪威國家廣播公司。

**被動式節能屋**（a passive house）：一種使建物減少生態足跡的自發性嚴格節能標準，打造出僅需極少能源即可加熱或減溫的超低耗能建物。各國的節能標準不同，但挪威有意將之變成強制性的標準。

**石膏板**（plasterboard）：將石膏夾於兩片厚紙板間製成的板子，專門用來製作房子內牆上的襯墊。

**石膏板升降機**（plasterboard lift）：一種用來將石膏板升抬至天花板高度，以利安裝的鉸接式工具。

**鉛錘**（plumb bob）：底處通常呈尖錐形的鉛塊，由一條繩線懸吊住，作為垂直的參考線或鉛錘線。基本上是相對於「水平線」的垂直線。

**圓鋸／升降鋸**（plunge saw）：電力驅動的圓鋸，使用時配合「軌道」或「導引器」，可以「沉入」材料中直接切斷。由於沒有固定的劈刀（安全裝置），才可能一口氣切斷。

**檁條**（purlins）：屋頂框架中的縱向木條。

**椽木**（rafter）：屋頂內部架構中的一部分木條。

**往復鋸**（reciprocating saw）：又稱「軍刀鋸」（sabre saw），刀片以來回往復的方式鋸物。

**相對濕度**（relative humidity）：在相同溫度下，空氣中水蒸氣的密度和飽和水蒸氣密度的百分比。暖空氣在水珠凝結之前，比冷空氣「含有」更多濕氣。

**屋頂木架**（roof truss）：屋頂木架是設計來搭接房間上方空間，並提供屋頂支撐的木造結構。桁架的距離通常是固定的，由縱向木條連結，例如檁條。

**雕合**（scribing）：使用手持的尖銳工具（長得有一點像圓規）標示、「刻畫」金屬或要裁切的木料。雕合大都用來標記即將安裝在不平整或不規則表面上的材料。

**美工刀**（snap-off knife）：一種可縮回的工具刀。刀刃若鈍掉了，可「截斷」一小截，使用下一段。

**史丹利牌切割刀**（Stanley knife）：有固定刀刃的工地用工具刀。用途廣泛，通常直接以Stanley的商標稱之。

**鋼帶**（steel strip）：參照「受釘條」。有彈性、可彎折的金屬條，作為石膏板等建材的受釘條。鋼帶常做成一卷，中間打孔，用以固定角落，尤其利於連接兩個部分。

**社會傾銷**（social dumping）：某些雇主為了競爭優勢及增加利潤，削減雇員薪資及福利的作法。常受空頭支票吸引而來的外勞，受害尤深。

**污水管**（soil pipe）：將廢水及污水排到建築外的管子，頂端必須通風。